R. P. Antoine-Marie, C. D.

VIE ABRÉGÉE

DE LA

Vénérable Marguerite

du Saint Sacrement

BAR-LE-DUC. 1928

Saint-Paul

VÉNÉRABLE MARGUERITE DU SAINT-SACREMENT
1619-1648

« Je veux faire voir en toi les
merveilles de mon Enfance. »

R. P. Antoine-Marie, C. D.

VIE ABRÉGÉE

DE LA

Vénérable Marguerite
du Saint Sacrement

religieuse carmélite à Beaune

1619-1648

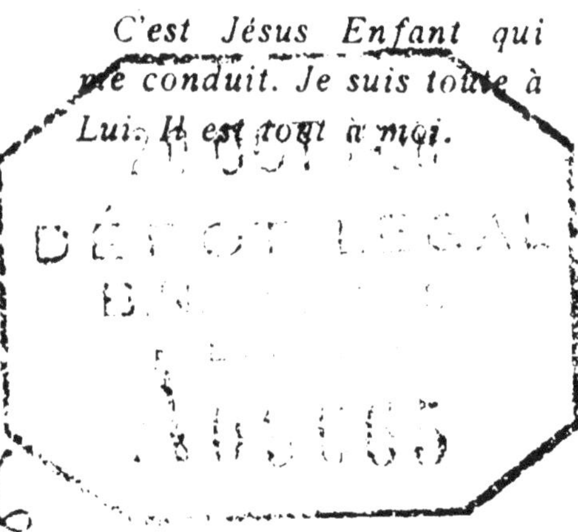

DÉCLARATION

PRÉFACE

Après que nous eûmes mis la dernière main à la *Vie de la Vénérable Marguerite du Saint Sacrement*, on nous fit remarquer qu'une édition abrégée, résumant l'édition complète, contribuerait à répandre d'une manière plus efficace et plus rapide les traits essentiels de cette attachante figure d'une fille de sainte Thérèse et de saint Jean de la Croix. Ce petit travail ne pourra qu'aider aussi à mieux propager son culte, à invoquer la Vénérable avec plus de ferveur et à obtenir les deux miracles nécessaires pour continuer sa cause et obtenir sa béatification qui intéresse grandement et l'ordre carmélitain et la France entière.

Nous nous sommes incliné devant ce désir, et de là est sorti ce petit volume de propagande, destiné à pénétrer dans tous les milieux, à faire connaître partout les vertus et le puissant crédit d'une humble Carmélite, digne émule de la sainte de Lisieux.

Puisse cet opuscule réaliser ce vœu, nonobstant les défauts inhérents à une Vie abrégée, compensés par un aperçu plus succinct des traits essentiels d'une existence uniquement consacrée à l'amour de Dieu et à l'amour du prochain !

De notre Maison Généralice,
en la fête
de la Visitation de la Sainte **Vierge**,
2 juillet **1928**.

Fr. Antoine-MARIE, *Déf. Gén.*

VIE ABRÉGÉE

DE LA

Vénérable Marguerite
du Saint Sacrement

CHAPITRE PREMIER
Naissance et famille.

C'est dans la Côte-d'Or, au milieu de ces célèbres coteaux plantés de vignes luxuriantes, c'est à Beaune que nous devons placer le berceau de celle dont nous voulons retracer la vie en abrégé.

Les heureux parents de notre Vénérable se nomment Pierre Parigot et Jeanne Bataille, tous les deux issus de nobles et chrétiennes familles où la vertu avait encore plus de prix que l'argent et les richesses.

Quand la petite Marguerite fit son apparition au foyer domestique, deux frères et deux sœurs entouraient déjà son berceau. Un petit frère, du nom de Claude, allait encore venir prendre place au sein de la famille et attirer sur lui, comme benjamin, les tendresses de ses aînés.

Cependant, il était écrit, dans les desseins éternels, que seule la petite Marguerite devait porter à la postérité, avec son nom, les vertus de cette noble famille.

Marguerite n'est encore qu'à l'aurore de la vie et déjà on voit poindre en elle les signes précurseurs de la sainteté. La grâce baptismale fut le principe de ces dons extraordinaires que nous allons admirer dans notre jeune chrétienne.

Voici d'abord la reine des vertus, la charité, qui s'épanouit dans cette âme privilégiée ; son cœur si innocent, si pur, brûle de la flamme la plus ardente pour Celui qu'elle appelle déjà son Père qui est aux cieux. C'est de la même source que coule cet amour ardent pour les pauvres, et cela dans un âge où les enfants sont bien indifférents pour les misères d'autrui. A peine sait-elle marcher, la voici qui sort seule du logis, rencontre dans la rue deux petits pauvres qui pleurent parce qu'ils n'ont pas à manger. Notre petite Marguerite sent son cœur se fendre, elle les prend par la main, les amène à son père pour qu'il les fasse manger. M. Parigot fut tellement touché de la charité de sa petite fille, qu'il dit à son épouse : « Il faut recevoir ces deux petits pauvres que Marguerite nous amène, comme nous étant envoyés de la part de Dieu. »

Ainsi dit, ainsi fait. Marguerite eut deux petits frères de plus à aimer.

C'était une pieuse coutume dans la famille Parigot de faire ensemble, non seulement la prière du matin et du soir, mais la lecture expliquée des Commandements de Dieu. Marguerite y prêtait une attention merveilleuse et sa jeune intelligence en saisissait jusqu'aux moindres détails, et, ce qui est plus précieux, savait les mettre en pratique.

Respectueuse et pleinement soumise à ses bons parents, en qui elle voyait déjà l'image de Dieu créateur et maître souverain, bonne et dévouée pour les serviteurs et les servantes de la maison, elle était pleine de condescendance et d'affection pour ses frères et sœurs. A une humeur douce et toujours égale, à une docilité qu'on ne trouvait jamais en défaut, elle joignait une grande délicatesse de sentiments. A peine âgée de cinq ans, elle aimait à accompagner sa mère à l'hôpital ; dans cet asile de la souffrance nous la retrouvons bonne, dévouée, héroïque même. Au chevet des malades, elle se multiplie, et, avec une dextérité au-dessus de son âge, rend les services les plus délicats à ceux qui sont les membres de Jésus-Christ, et ne craint pas même d'imiter les saintes folies que la charité a inspirées à certaines âmes héroïques.

Si la petite Marguerite aimait ainsi à rendre visite à ceux qui souffrent, elle se sentait encore davantage attirée vers le divin Prisonnier de nos tabernacles. Ses compagnes d'enfance l'ont vue souvent, même toute petite, prosternée de longues heures devant le tabernacle et, dans leur petite malice, l'ont observée, pour voir si elle ne tournerait pas la tête ; mais elles avouent combien elle sont été édifiées par son maintien grave et recueilli. Elles nous diront aussi que, dans leurs jeux enfantins, son principal divertissement était de représenter la Sainte Vierge ou de faire la religieuse. A l'école de Mlle Gondier, école élémentaire de jeunes filles, elle apprenait avec ardeur les éléments de la religion chrétienne et se montrait une élève studieuse et sérieuse. Plus tard, au pensionnat des Ursulines, elle se fera vite remarquer par sa docilité et son application. Elle n'avait pas encore neuf ans et déjà elle avait su s'imposer même aux plus grandes par sa fermeté à observer le règlement. Sa maîtresse de classe déposera devant le juge ecclésiastique que venant en classe elle ne se mêlait pas aux autres qui parlaient et riaient, mais se rendait à sa place et faisait la prière prescrite, et ensuite prenait son livre en attendant l'arrivée de la maîtresse. Elle savait si bien ses leçons que les

Sœurs la chargèrent de répéter l'enseignement donné à celles qui étaient moins intelligentes, ce qu'elle faisait avec tant d'aisance et de charme que les maîtresses ne l'appelaient que « notre petite Régente ». Cette marque de confiance n'excitait pourtant pas la jalousie parmi ses compagnes, car elle savait si bien faire accepter son autorité par sa charité et son amabilité, que toutes subissaient avec plaisir l'ascendant de sa vertu précoce.

Un cœur si bien disposé avait certainement entendu au fond de son être le mystérieux appel de l'Epoux des âmes. Dans son intime, elle avait répondu par une acceptation entière et complète : « Oui, Seigneur, mon cœur est à vous, uniquement à vous pour le temps et pour l'éternité. Parlez, Seigneur, votre Servante écoute. » Et le Seigneur avait parlé par les événements qui se déroulèrent sous les yeux de notre pensionnaire des Ursulines. Un fait s'était produit à Beaune quelques mois après la naissance de Marguerite qui détermina l'orientation de sa vie. Le 25 juillet 1619, six Religieuses, sorties du Carmel de Dijon, étaient venues s'installer dans le prieuré de Saint-Etienne, que le chanoine Bataille, oncle maternel de Marguerite, avait mis généreusement à leur disposition, avec toutes les autorisations de qui de droit. Le pieux chanoine présenta aux Mères, quelques jours après leur installation, sa petite nièce encore au maillot. Ce simple acte de courtoisie n'a-t-il pas été un dessein de Dieu ? Quoi qu'il en soit, l'enfant, dès le réveil de sa raison, avait décidé dans son cœur de se donner à Dieu dans le monastère de St-Etienne, et c'est avec ce désir au fond de son âme qu'elle était arrivée à sa dixième

année, sans avoir, dans sa timidité natu-
relle, osé en parler à personne, pas même
à celle qui lui avait donné le jour. Cependant, elle aimait trop sa mère pour lui
cacher plus longtemps ce qui était le
rêve de sa vie. Nous pensons aussi que
cette enfant, avec sa perspicacité natu-
relle, avait compris que cette mère lui
serait ravie de bonne heure, car l'état
de santé de Mme Parigot laissait beaucoup à désirer. Quand cette dernière
reçut les confidences de sa chère Marguerite, elle l'entoura d'un dévouement
et d'une affection encore plus intenses.
D'ailleurs, depuis longtemps son œil
maternel avait deviné le travail divin
dans l'âme de sa fille ; mais trop respectueuse des droits de Dieu et de la cons-
cience de son enfant, elle n'avait pas
cru devoir forcer une ouverture de cœur
et attendait en silence. On peut cependant facilement se faire une idée

de ses inquiétudes maternelles à l'ouverture de Marguerite. Cette enfant si frêle pourra-t-elle supporter un genre de vie aussi austère que celui des Carmélites, fait de pénitences, de jeûnes, de sacrifices et de privations de tout genre ? N'est-ce pas exposer à une mort prochaine cette fragile existence déjà ébranlée par des épreuves intérieures ? Toutes ces pensées se pressaient dans le cœur maternel de Mme Parigot ; mais sa foi en Dieu était trop robuste pour se laisser ébranler, elle donna son consentement en embrassant tendrement sa petite Marguerite.

Mais l'existence de Mme Parigot était plus ébranlée que celle de sa fille, ses jours étaient comptés. Sentant sa fin approcher, elle la fit venir auprès de son lit de souffrance, et lui adressa ces paroles inspirées par la foi la plus ardente : « Chère enfant, tu prieras pour le repos de mon âme et moi je demanderai à Dieu que tu sois bientôt carmélite. » Elle donna sa dernière bénédiction à cette enfant dont elle devina l'avenir, la pressa sur son cœur et, deux jours après, s'endormit dans la paix du Seigneur.

Quand la dépouille mortelle de sa mère fut descendue dans la terre froide du « Campo santo », Marguerite se rendit à l'église de Notre-Dame, et, prosternée humblement aux pieds de la statue de Marie, Mère des affligés, elle la supplia avec larmes de lui servir désormais de mère. Nous trouverons la réponse de Celle qu'on n'invoque jamais en vain, dans le chapitre suivant.

CHAPITRE II

Le Carmel.

————◆————

Dans l'*Histoire d'une Ame*, l'aimable
sainte de Lisieux nous raconte, et avec
quel charme ! les difficultés qu'elle eut
pour se faire ouvrir les portes du Carmel
à quinze ans. Notre Vénérable ne connut
point ces difficultés pour franchir le
seuil du Carmel de Saint-Etienne à
peine âgée de douze ans, n'ayant pas
encore reçu le sacrement de Confirmation et s'étant, le matin même de son
entrée, approchée pour la première fois
de la table sainte. Certes, c'est le cas
de dire : autres temps, autres mœurs.
Cependant, il n'y avait là aucune in-
fraction à une loi quelconque, le fait

du retard de la première Communion comme de la Confirmation doit se rechercher dans les usages de l'ancien régime. Si le temps de la profession avait été déterminé par le Concile de Trente, à savoir seize ans, il n'existait aucune défense d'admettre dans la clôture, à un âge plus jeune, des postulantes avec le consentement des parents et de l'autorité compétente. Les carmélites de Beaune pouvaient invoquer l'exemple même de Sainte Thérèse qui avait permis l'admission de sa nièce Thérésita au Carmel de Séville à l'âge de dix ans, mais ne fit sa profession qu'à dix-sept ans révolus.

C'est donc dans tout le charme de son innocence que la postulante de Beaune se présenta, le 24 septembre 1630, accompagnée de son oncle, le chanoine Bataille, et de son père à la porte de clôture du couvent de Saint-

Etienne. Nous ne savons pas ce qui se passait en ce moment dans son âme, elle ne nous a rien laissé sur cet acte accompli avec courage et générosité. Après avoir embrassé encore une dernière fois son cher et pieux papa et son oncle vénéré, elle se jeta aux pieds de la Mère Prieure qui venait d'ouvrir la porte de clôture et lui renouvela sa demande, après avoir baisé, et avec quel amour, le crucifix qu'on lui avait présenté. La porte se ferma et la déroba pour jamais au monde qui ne la reverra que quand son âme aura pris son vol pour les célestes demeures. De la porte de clôture, les deux Mères que Jésus avait préparées lui-même à la mission qu'il allait leur confier, conduisirent la petite postulante au chœur, puis dans l'ermitage de la Sainte Vierge, où elle renouvela sa consécration à Marie. Elles s'entretinrent ensuite près d'une heure avec leur petite postulante au sujet de la vocation religieuse.

Les deux Mères furent à tel point charmées par ses réponses si lucides, si pleines de bon sens qu'elles ne savaient assez remercier le bon Dieu de leur avoir envoyé ce trésor. Toutefois, ces dons naturels n'étaient que le prélude de grâces plus admirables encore.

Souvent il ne faut à la fleur qu'un rayon de soleil pour éclore et étaler ses riches couleurs. Ainsi, il ne fallait à la vertu précoce de Marguerite, **pour** arriver à son plein développement, que la chaude et pure atmosphère du Carmel avec l'habile direction de sa Prieure, Mère Elisabeth de la Trinité et de sa Maîtresse des novices, Marie de la Trinité. Il nous faut faire connaître ces deux instruments de la sainteté de notre Vénérable.

Mère Elisabeth de la Trinité était

née à Château-Gonthier, le jeudi 5 janvier 1598, de Lancelot de Quatrebarbes et de Renée de Bonvoisin. Elle fut élevée comme toutes les jeunes filles de la noblesse d'Anjou et de Bretagne, dans le riche monastère des Bénédictines de Saint-Georges, de Rennes. Elle apprit à chanter avec agrément et à pincer de la harpe avec grâce. Elle avait l'esprit pénétrant, le cœur généreux, une mémoire heureuse et un jugement très solide avec la facilité de s'exprimer agréablement. Son père l'aimait pour ses rares qualités de l'esprit et du cœur, et la destinait à une riche alliance, mais Dieu la voulait pour lui et avait mis au fond de son âme un immense désir de l'éternelle beauté. Dans la société angevine, elle n'avait qu'à paraître pour être recherchée. Elle sut cacher, sous des dehors charmants, sous une exquise amabilité, le secret de sa vie.

Elle lutta contre les embûches du monde jusqu'au moment où, lasse de résister aux appels de Dieu qui, tour à tour, troublait son âme et la réconfortait, elle écrivit à la Prieure des carmélites de Tours pour lui demander une place dans son Carmel. C'était la seconde fille de Mme Acarie, Mère Marguerite du Saint-Sacrement, qui avait succédé à la Bienheureuse Anne de Saint-Barthélémy, partie pour les Flandres.

En entrant au monastère de Tours, Elisabeth de Quatrebarbes y trouva encore vivantes les traditions de la bienheureuse compagne de Sainte Thérèse. Ce fut le cardinal de Bérulle lui-même qui lui donna l'habit de l'Ordre avec le nom d'Elisabeth de la Trinité. La généreuse novice ne mit aucune restriction à tout ce que demandait d'elle l'Epoux de son âme, elle devint une vraie amante de la croix, et résolut dès lors de vaincre tout par cet amour. Plus elle souffrit, plus elle aima ; c'est dans ces dispositions qu'elle prononça ses vœux qui la lièrent à la croix de Jésus jusqu'à la mort. Elle n'avait encore que vingt-six ans quand l'obéissance l'envoya comme Supérieure à Lyon en 1624 et deux ans plus tard, le 12 août 1626, elle fut élue Prieure du couvent de Beaune. C'est là qu'elle devait remplir la mission à laquelle Dieu l'avait destinée, c'est-à-dire former une sainte en union avec la Mère Marie de la Trinité.

Marie Mignard naquit à Dijon, le 23 janvier 1601, de Jean Mignard, procureur au parlement de Dijon, et de Marcelline Josserand. Elle avait été prévenue de Dieu « quasi dès le berceau ». L'image du crucifix était si vivement « engravée » dans son âme qu'elle ne pouvait en détourner ses regards. « A six ans, dira-t-elle plus tard, je n'eusse voulu faire ce que je fais maintenant, ni apporter la moindre raison aux choses les plus difficiles et les plus mortifiantes qu'on eût désirées de moi. En ce temps-là je faisais cela pour Dieu, maintenant je n'arrive pas à me débarrasser de moi ; alors Dieu faisait tout en moi, maintenant il me laisse à ma faiblesse. » Ses parents, émerveillés des talents de leur fille, cherchèrent à lui faire prendre le goût du monde, mais elle passe au milieu des plaisirs sans en retenir autre chose que la vanité, et ils la faisaient soupirer avec plus d'ardeur après la solitude du cloître. Ses seize ans accomplis, elle entra au Carmel de Dijon, fondé par la vénérable Anne de Jésus, la fille de prédilection de Sainte Thérèse. Sa vertu

et ses rares talents la firent choisir,
en 1619, bien que jeune professe, pour
faire partie du groupe qui devait fonder
le Carmel de Beaune. Même dans le
trajet de Dijon à Beaune, on eut occasion de constater son courage et sa
sagesse surnaturels. La compagnie
cheminait sur la route et venait de
dépasser la localité de Vougeot, quand
le Prieur de la Chartreuse de Beaune
vint au-devant d'elles et les arrêta
sous le coup d'une forte émotion, en
disant : « Mes Mères, n'allez pas plus
loin, je vous en prie. Il est inutile de
pousser votre voyage jusqu'à Beaune.
Car vous ne pourrez y entrer, toute la
population est en émoi, on dirait que
votre **venue** est le plus grand malheur
qui puisse arriver à la ville. Je vous le
répète, n'avancez pas, attendez dans
un des **châteaux** voisins que ce mouvement hostile se soit calmé. » Les

Sœurs restent interdites, consternées, devant une pareille déclaration, on se regarde, on se consulte, on délibère sur le parti à prendre, quand tout à coup, la Mère Prieure, s'adressant à la plus jeune des Sœurs, lui dit : « Ma Sœur Marie de la Trinité, voilà M. de Sérigny qui nous offre sa maison à une demi-heure d'ici ; faut-il profiter de sa bien-veillance et attendre que l'émeute soit passée ou bien retourner à Dijon ? Dites-nous votre pensée. » Sœur Marie se recueille un instant et, d'une voix forte et décidée, répond : « Ma Mère, à Saint-Etienne tout droit, s'il vous plaît, nous n'y rencontrerons aucun obstacle. » Ainsi fut fait, et la caravane reprit sa route, entra sans difficulté à Beaune et le soir même s'installa au monastère de Saint-Etienne.

Voilà les deux âmes viriles auxquelles le Petit Roi de la Crèche confiera sa petite épouse pour être formée dans la voie de la simplicité évangélique et de la patience chrétienne dans les épreuves de tous genres. Car Sœur Marguerite aura une double mission : faire connaître les trésors de la divine Enfance du Sauveur et sa douloureuse Passion. Et dans le dessein de sa Providence, elle devra même être dans son corps la visible image de cette double expression, comme nous allons le voir plus loin. Dès les premiers jours de son postulat, la petite Sœur fit à la Communauté l'effet d'un soleil levant dont l'éclat allait illuminer tout le monastère. Toutes les Sœurs étaient en admiration devant les extraordinaires vertus de cette non moins extraordinaire postulante. Son humilité et sa simplicité surtout les ravissaient. Etait-elle accusée d'une faute qu'elle n'avait pas commise, aussitôt elle se prosternait

contre terre et se confondait comme si
elle était réellement coupable. Jamais
on ne l'entendait s'excuser, ni apporter
une raison quelconque, tant elle était
convaincue de son néant et de son
abjection. Sa maîtresse, connaissant son
immense désir de recevoir la sainte Communion, la priva dans une circonstance
pendant huit jours du Pain des anges,
et, pour se rendre compte des sentiments de son âme, elle engagea ses
co-novices de feindre une compassion
pour la rigueur avec laquelle on la trai-
tait, lui disant qu'elles ne comprenaient
vraiment pas la manière d'agir de la
Mère Maîtresse. Mais notre postulante,
qui avait la vraie notion de l'humilité
et qui savait aussi que rien n'est si
agréable à Dieu que l'obéissance, leur
répondit « que la Mère Maîtresse savait
mieux qu'elle ce qui convenait à son
âme, et que, réfléchissant sur sa misère

personnelle, elle comprenait très bien que Dieu ait inspiré à sa supérieure de l'en priver ». Il était impossible de la trouver en défaut. Sa charité, que nous avons déjà admirée dans le monde, prit encore dans le cloître un plus prodigieux essor. Elle s'était faite vraiment la servante de toutes ses Sœurs. Jamais on n'avait surpris sur ses lèvres la moindre parole de critique, jamais même dans son esprit la moindre pensée défavorable au prochain.

Mais il est temps de considérer notre novice dans la double mission qui lui avait été confiée.

CHAPITRE III

La Crèche.

Dès les premiers jours de sa vie dans le cloître, notre pieuse postulante placée sous l'habile direction de ces deux Mères, vrais modèles de perfection, donna l'exemple des plus douces vertus, mais elle avait une mission providentielle à remplir, ce fut de faire connaître au monde, à ce XVIIe siècle si sensuel, si orgueilleux, les prodigieux abaissements du divin Sauveur. Cette mission toute spéciale sera la grande, l'unique occupation de sa vie. Elle en fit la confidence à sa Mère maîtresse et à son confesseur, le Père Parisot. « Le Saint

Enfant Jésus, dit-elle, me tient toujours appliquée au moment de sa sainte Nativité, et m'a tellement enfermée dans les douze premières années de son enfance qu'il me les a données pour m'être un mur et un avant-mur dont il ne me permet pas de sortir. » Sœur Marguerite fut donc, on peut bien le dire, immuablement fixée dans la pensée de la sainte Enfance de Jésus. C'était là sa vie, le centre de ses opérations et de ses mouvements. Un jour, sa maîtresse lui demanda : « Comment se fait-il que tout ce que nous faisons pour vous distraire, pour vous tirer de cet état extraordinaire et vous mettre dans la voie commune n'a aucun résultat ? — Ma Mère, répondit l'humble novice, je ne porte cet état que par soumission à l'Enfant Jésus et, s'il me donnait la liberté du choix, il n'est pas d'action, pour petite et basse qu'elle paraisse, que je ne préférerais à ce que vous voyez en moi. Je comprends parfaitement l'excellence des moindres actions de la vie religieuse et ce serait ma joie, si Jésus me laissait, d'exercer les œuvres de charité pour mes Sœurs ; mais pour conserver en moi l'innocence qu'il y a mise, il est nécessaire que je reste sous sa puissance, et vive retirée en lui. »

« Mais ne craignez-vous, ma Sœur, lui repartit la Mère maîtresse, que parmi tant de grâces extraordinaires, il n'y ait péril pour votre salut ? Lucifer est tombé des cieux et tant d'autres colonnes de l'Eglise sont tombées. L'Ecriture nous dit que nous devons servir Dieu avec crainte et tremblement. » Alors la petite Sœur se recueillit et, avec un accent grave et modeste, dit : « Ma Mère, je crains Dieu comme une enfant bien-aimée craint son père.

Sa Majesté s'est tellement emparée de mon esprit, de tout mon être qu'il ne peut résister, je me trouve tout abîmée dans l'immensité divine. » Ces paroles font admirablement écho à celles que nous avons recueillies sur les lèvres de la vierge de Lisieux, qui ne voulait vivre que dans les bras de la divine miséricorde.

L'Enfant Jésus s'était d'ailleurs fait lui-même le maître, le directeur de cette âme dans laquelle il voulait reproduire les aimables vertus de son enfance : l'innocence, la simplicité et la pureté. Lui ayant apparu peu de jours après son entrée au Carmel sous la forme d'un petit enfant, il lui dit : « Je me donne à toi pour être ton maître, je veux t'enseigner les vraies vertus. » Une autre fois, lui apparaissant dans le même état et la consacrant l'épouse de sa crèche, il lui dit : « Je me donne à toi petit, pour que tu sois petite comme je le suis. » Et il lui fit connaître d'une manière efficace la grandeur et les avantages de la simplicité de la crèche et comment il a, par ses abaissements, le plus glorifié son Père céleste. C'est cette connaissance extraordinaire qui a enraciné dans l'âme de notre Vénérable l'amour pour l'Enfant Jésus et le désir immense de lui ressembler et de propager partout ce culte de la sainte Enfance du Sauveur.

Nous dirons plus loin son apostolat au moyen de cette dévotion ; pour le moment nous devons contempler en elle la pratique de cette même dévotion, car elle connaissait la parole de l'évangéliste au sujet du divin Maître : « *Cœpit facere et docere :* Il commença par pratiquer ce qu'il voulait enseigner. » La principale forme de sa dévotion envers l'Enfant Jésus consistait dans l'imitation, dans la reproduction des vertus qu'elle a contemplées et admirées dans la crèche. Nous trouvons cette pratique encore mieux détaillée dans un conseil qu'elle donna au Père Parisot pour le porter à l'imitation de la sainte enfance.

Un jour celui-ci lui demanda : « Que faut-il faire, ma Sœur, pour vivre selon le saint Enfant Jésus ? — Il faut, mon Père, répondit-elle, que vous gardiez la vie et la manière de vie que le Saint Enfant Jésus veut de Votre Révérence. — Mais, ma Sœur, repartit le Père, quelle est la forme de vie que le Saint Enfant Jésus veut que je garde ? — La forme de vie que le Saint Enfant Jésus veut que vous gardiez, mon Père, est que vous viviez selon lui et non selon la nature, sans rien voir ni ressentir que lui en toutes choses, comme s'il n'y avait que lui et vous au monde. Il veut que vous conserviez une égalité d'humeur en toutes choses de telle sorte que vous ne vous éleviez pas dans les succès que vous pourriez obtenir, ni ne vous laissiez aller à l'abattement dans les disgrâces et les désolations. Il faut que vous vous laissiez entre les mains de la Providence pour disposer de vous pour la vie et pour la mort, et pour la santé et pour la maladie, et pour l'estime et pour le mépris, bref, pour tout, comme il lui plaira, comme la chose sienne, sans réplique. Il faut que vous ne vous préoccupiez de rien en ce qui vous concerne pour ne songer qu'à lui et à sa gloire. »

Le Révérend Père Lanquet, confrère du Père Parisot, avait entendu parler de Sœur Marguerite alors qu'il était professeur au Collège de Troyes, par une Sœur du Carmel de cette ville qui voulait mettre ce Père en relation avec la petite privilégiée de l'Enfant Jésus de Beaune ; elle en espérait un grand bien pour le Père dont la perfection lui tenait à cœur. Mais le Père Lanquet se moqua un peu de la proposition, car il refusait de croire au surnaturel des faits qu'on lui racontait. Lui-même avouait humblement que sa vie de piété laissait à désirer, qu'il s'accordait certains amusements que sa dignité de prêtre et de religieux ne pouvait pas ne pas condamner. Il consentit enfin à se rendre au désir de la fervente carmélite de Troyes et fit le voyage de Beaune. Il eut le bonheur de s'entretenir longuement avec Sœur Marguerite, et de ces entretiens il sortit complètement changé et sincèrement animé du désir de mener une vie vraiment sacerdotale et religieuse. Voici comment il conclut le rapport qu'il a laissé lui-même de cette visite : « Ce que j'estime le plus avantageux pour moi comme fruit de cette visite, c'est la dévotion à l'Enfant Jésus que, durant plusieurs années, j'avais pratiquée sur le conseil de M. de Bérulle et que j'avais ensuite complètement négligée par mon infidélité. C'est la visite à Beaune, c'est l'entretien avec ma Sœur Marguerite, c'est son efficace exemple qui me l'ont de nouveau rendue et j'ai recommencé les pratiques sous l'inspiration de la petite Sœur qui ne vit et ne respire que pour l'Enfant Jésus ; il est impossible de la voir pratiquer cette dévotion sans être ému et décidé à l'imiter. »

Le même Père ajoute les paroles suivantes qui nous montrent que notre petite Sœur avait le don de lire dans les cœurs. « Un jour, écrit-il, voulant lui faire connaître quelque chose de particulier, touchant ma disposition intérieure que je désirais qu'elle seule connût, ayant raison pour ne point l'écrire, je lui envoyai seulement une image, priant la Mère Prieure de la lui remettre de notre part, sans dire autre chose. Toutefois de mon côté je suppliai le Saint Enfant Jésus de faire connaître à ma Sœur Marguerite l'intérieur de mon âme... Voici ce que m'écrivait la Mère Prieure, de laquelle je n'attendais aucune réponse : « Mon Père, je lui (Sœur Marguerite) ai remis hier au soir votre image ; elle la prit, la regarda et, par cette image, elle vous vit et connut la grâce que le Saint Enfant Jésus vous a faite et qu'il veut de vous une grande simplicité et séparation de toutes choses. » Cette réponse me donna pleine satisfaction en me prouvant que l'Enfant Jésus lui avait fait connaître l'état de mon âme. »

Sœur Marguerite traduisait au dehors

son amour pour l'Enfant Jésus par des pratiques de dévotion en son honneur. La fête de Noël la ravissait continuellement. Elle ne vivait alors pour ainsi dire que dans l'étable de Bethléem, au pied de la pauvre crèche, adorant le Verbe fait chair, avec les anges, avec les bergers, avec les mages et surtout avec « ses petits frères les Saints Innocents ». Le temps de l'Avent, elle le passait dans une continuelle préparation à cette grande fête. En esprit, elle accompagnait Marie et Joseph dans leur voyage à Bethléem. Oh ! avec quels accents de foi et de simplicité elle conjurait la Sainte Vierge de l'accepter pour sa servante afin de préparer le berceau du petit Jésus. Afin de continuer toute l'année la fête de Noël, elle établit la dévotion du vingt-cinquième jour de chaque mois en l'honneur de l'Enfant Jésus. Oh ! comme elle aimait à orner le petit oratoire de l'Enfant Jésus pour cette circonstance : cette dévotion, commencée au Carmel de Beaune est répandue aujourd'hui dans tout l'ordre carmélitain, et même dans toute l'Eglise et solennellement approuvée par la Congrégation des Rites. Mais ce qui nous montre encore mieux que tout le reste son ardente dévotion à l'Enfant Jésus, c'est le pacte conclu entre Sœur Marguerite et ses deux Mères afin d'établir un lien éternel entre leurs âmes ; en voici le texte, probablement rédigé par la Vénérable elle-même :

« Jésus, Maria, Joseph,

« Le vendredi, quatorzième de janvier de l'année 1639, à l'heure de minuit, nous nous sommes offertes et consacrées sans division et dans une union entière au saint Enfant Jésus, et nous nous sommes données à lui pour honorer sa sainte Enfance, et les douze premières années de sa vie divine sur la terre, le moment de sa sainte naissance, les états, les jours, les heures et les moments de sa sainte Enfance, sa sainte humanité que nous désirons adorer perpétuellement et à laquelle nous voulons que tous les moments de nos vies soient référés ; et lui dédiant nos vies et notre éternité, nous lui offrons les douze premières années de nos vies, commençant ce même jour pour honorer jour à jour, heure à heure et de moment en moment, les douze premières années de ce divin Enfant sur la terre, les heures, les jours, les moments de sa sainte Enfance, nous unissant ensemble en ce divin Enfant d'une manière telle que les trois ne soient qu'une en lui, pour le servir le plus fidèlement possible, promettant l'une à l'autre, en la présence du Saint

Enfant Jésus et de la Sainte Vierge, que la première qui aura achevé son terme et qui ira à Dieu aidera les deux autres à bien s'acquitter de ce que nous promettons au Saint Enfant Jésus qui est de ne vivre plus qu'en lui et pour lui, et la seconde qui mourra aidera, avec la première, la dernière qui demeu-rera au service de l'Enfant Jésus, et que les deux demanderont à ce divin Enfant grâce pour l'assister et lui aider à bien mourir et demanderont qu'elles se trouvent ensemble vers ce divin Enfant, entre les mains duquel nous laissons, dès ce jour, soin de nos âmes et de tout ce que nous sommes pour ne vivre plus qu'en lui, pour lui et l'honorer avec la plus grande pureté qu'il nous sera possible, nous donnant entièrement à sa sainte Enfance, à la Très Sainte Vierge, à notre Père saint Joseph et aux saints prémices de la

Crèche, en la présence desquels nous signons ceci.

> Sœur MARIE DE LA SAINTE TRINITÉ,
> Sʳ ELISABETH DE LA SAINTE TRINITÉ,
> Sʳ MARGUERITE DU SAINT SACREMENT,

Faict le jour du Saint Nom de Jésus,
14 janvier 1639. »

CHAPITRE IV

Le Calvaire.

Avec l'apôtre saint Paul, avec le docteur mystique saint Jean de la Croix, Sœur Marguerite pouvait dire en toute vérité : « *Cruci confixa sum Christo*. Je suis attachée à la croix avec le Christ. »

Nous venons de voir avec quel soin, avec quel amour le divin Maître instruisit son épouse à l'école de sa crèche, comment il travailla et orna son âme pour devenir une représentation aussi fidèle que possible de la divine Enfance. Mais notre petite Sœur avait une autre mission à remplir, c'est de devenir aussi une vive représentation du divin

Patient. De même que le Calvaire a achevé l'œuvre de notre Rédemption commencée à la crèche, ainsi c'est aussi la croix qui donnera son dernier cachet à l'œuvre de sainteté de Marguerite, commencée dans sa dévotion si extraordinaire pour la sainte Enfance du divin Rédempteur. Ici encore Jésus voulut être le Maître de sa petite épouse. Il commença d'abord par enflammer son cœur de l'amour de la croix, et lui en apprendre toute la science. Dans ce but, il lui fit voir, dans une vision, une croix dont le sommet s'élevait jusqu'aux cieux, dont le pied touchait le fond des abîmes et dont les bras atteignaient les extrémités de l'univers. Lui découvrant ensuite les secrets de ce mystère, il lui fit comprendre comment par la croix nos droits au ciel fermé par le péché nous furent rendus. Comment l'efficacité de cette croix avait consolé les patriarches dans les limbes, rétabli la paix entre le ciel et la terre, et uni les siècles passés et futurs dans la même foi. C'est dans les profondeurs de la Croix qu'elle connut que les saints ne sont parvenus à la sainteté que par la croix, en elle seule aussi les pécheurs retrouvent le salut et la vie. Ravie de tant de lumières, la petite épouse s'écriait : « O sainte Croix, notre unique espoir, ô arbre de vie à nul autre pareil. Sans toi le genre humain serait encore dans l'infamie du péché, sans toi les pénitences des anachorètes, les souffrances des martyrs seraient de nulle valeur. » Le divin Sauveur montrant ainsi à sa petite épouse les trésors renfermés dans la croix enflamma son âme d'un immense désir pour les souffrances, au point de dire avec sa séraphique Mère : « Ou souffrir, ou mourir. » Et Jésus de lui répondre : « Désormais ta vie comme la mienne ne sera que croix et martyre. Tu ne vivras que pour souffrir. »

Nous allons en effet voir la petite victime subir les souffrances les plus atroces, d'abord dans son corps, ensuite dans son âme et quelquefois dans les deux ensemble. Nous lisons dans le livre de Job que Dieu avait laissé plein pouvoir à Satan pour éprouver la vertu du saint patriarche par les souffrances les plus cruelles. Il semble que pareille concession fut octroyée au prince des ténèbres pour torturer notre petite postulante. Il la plongea d'abord dans la maladie du sommeil : pendant trois semaines, disent les Mémoires du temps, « elle avait tous les membres perclus et son sommeil était de plomb ». Les médecins employèrent, mais inutilement, toutes les ressources de leur science. On lui appliqua des ventouses

avec scarifications profondes, on lava
même les coupures avec du sel et du
vinaigre, « pour contraindre la nature,
disent encore les Mémoires, à sortir de
son assoupissement ». Mais rien n'y fit,
parce que la cause n'était pas physique,
mais extranaturelle et secrète. La seule
chose claire et visible ce sont les souffrances indicibles endurées par la petite
patiente qui conserva sa paix intérieure
et même son doux sourire. Mais nous
ne sommes qu'au commencement de ce
martyre : les médecins, voyant leurs
premiers remèdes sans effet, cherchèrent
toujours la cause physique de ces souffrances et de ces convulsions, et crurent
l'avoir trouvée dans une espèce d'humeur
qui se serait logée dans le cerveau et
qu'il fallait en arriver à l'opération ; et
cette opération, selon la chirurgie du
temps, consistait dans l'application du
bouton de feu. Les religieuses, témoins

de la faiblesse et de l'épuisement de leur petite Sœur, se récrièrent, dans la crainte que l'enfant ne puisse résister à cette nouvelle souffrance, mais devant les raisons péremptoires du salut par cet unique remède, elles s'inclinèrent et l'opération fut décidée pour le lundi de la Pentecôte, 8 juin. A la veille de cette fête, la Mère Prieure et son Chapitre résolurent de donner l'habit religieux à la petite Sœur, bien qu'elle n'eût pas encore l'âge canonique, les circonstances exceptionnelles semblant autoriser cet acte de consolation bien grande pour notre généreuse postulante. Au moins, si elle devait succomber à l'opération, si douloureuse, elle mourrait avec l'habit de Notre-Dame du Mont-Carmel. Le lundi de la Pentecôte, le chirurgien entra au monastère avec tous ses instruments de torture, en compagnie du médecin.

2*

La vertueuse novice n'ignorait .pas que ce remède violent et douloureux serait sans résultat pour sa guérison, car elle connaissait la cause de son mal. Cependant elle s'y soumit de bon cœur, contente de souffrir encore par amour pour Jésus. Pour faciliter l'opération, on la mit dans une petite chaise en paille, conservée encore aujourd'hui comme relique au Carmel. On lui appliqua par trois fois ce bouton de feu sans qu'une plainte sortît de sa bouche, mais on comprit aux torsions involontaires de son corps qu'elle souffrait énormément. Les Sœurs, témoins de ces souffrances, ne purent retenir leurs larmes et le chirurgien était émerveillé de l'endurance de la petite Sœur. Mais il eut la surprise désagréable de constater que tous ses efforts n'avaient aucun résultat pour la guérison ou le soulagement de la malade. Mais comme les hommes du métier ne doivent jamais se tromper, après s'être consultés de nouveau, ils conclurent ensemble que le mal devait se trouver entre le crâne et les membranes du cerveau, et que pour cela il fallait arriver à l'opération du trépan. Nouvelle instigation du diable qui en voulait à la vie de cette petite sainte, dont il prévoyait l'action salutaire sur les âmes. Le médecin et le chirurgien ne cherchaient sérieusement que le soulagement de cette enfant dont ils avaient compassion, et qu'ils espéraient guérir. C'est le même sentiment qui fit accepter aux religieuses cette nouvelle intervention, plus douloureuse encore. Nous nous excusons même devant le lecteur de citer des détails qui révoltent un peu notre délicatesse et dont on ne peut trouver de justification que dans un motif surnaturel. La patiente conserva toujours le même calme, la même douce soumission devant la nouvelle torture. On lui rasa donc la tête, on fit les incisions cruciales pour découvrir l'os qu'on détacha par force. Tout cela, on peut facilement le concevoir, devait être un vrai supplice pour la malade qui resta sereine au milieu de tant de souffrances. L'os levé, il ne sortit aucune humeur corrompue, on n'aperçut aucun abcès, tout était normal et régulier. Ce qui était anormal et irrégulier, c'était l'inutile opération dont le chirurgien était honteux lui-même, et pour cause. Seule la douce patiente comprit la raison déterminante de toutes ces opérations.

Mais la rage de celui qui était le principal auteur des souffrances, si héroïquement endurées par notre Vénérable, n'était pas encore assouvie. « Ce fut, en effet, disent encore les *Mémoires*, par une malice de la haine diabolique

que notre chère Sœur devint complètement aveugle, car aucune cause physique ne pouvait expliquer cette nouvelle épreuve. D'autant plus que la
patiente, qui ne pouvait absolument
rien voir des choses de la terre, ni les
Sœurs qui étaient autour d'elle, voyait
distinctement la sainte Hostie, quand
le Saint Sacrement était exposé. Cet
aveuglement étrange, même selon la
déclaration du médecin, fut soumis à
de nombreuses épreuves, car les religieuses se demandaient elles-mêmes si
la faiblesse de leur petite Sœur ne la
rendait pas incapable de bien juger.
On lui banda donc les yeux, et on la
transporta en divers endroits de la
maison pour essayer de la surprendre,
mais on ne put jamais y parvenir.

Les plus chères délices de l'admirable
patiente étaient de souffrir pour Jésus
crucifié, tant son âme était embrasée

de l'amour de la croix. Aussi le démon, voyant toutes ses ruses se tourner à sa défaite, abandonna la lutte, laissant la généreuse novice reprendre avec plus d'élan que jamais la vie religieuse et son ascension ininterrompue vers les sommets de la perfection. Mais comme cette âme devait être, selon les desseins de la Providence, une vive représentation du divin Patient, une autre arène de souffrances allait s'ouvrir pour elle. C'est la puissance divine elle-même qui allait s'abattre sur la petite victime pour lui faire endurer toutes les souffrances de la Passion du Sauveur.

Le 3 février 1632, notre petite victime d'amour était pour ainsi dire attachée à la colonne de la flagellation. S'étant retirée dans un petit ermitage, elle fut comme liée avec des cordes invisibles, ses bras se croisèrent sur sa poitrine, ses pieds furent attachés l'un sur l'autre, tout son corps devint raide, son visage empreint d'une tristesse profonde était pâle et défait comme celui d'une personne qui souffre les douleurs de l'agonie, et les membres de son corps étaient déchirés par des verges invisibles. De nombreuses larmes s'échappaient de ses yeux, et des soupirs profonds sortaient de son cœur demandant pardon pour les pécheurs. Les religieuses, témoins de cette scène douloureuse, voulurent la soulager, mais tout était inutile. Impossible de lutter contre la puissance divine.

Le 17 février de la même année, le divin Sauveur apparut à Marguerite chargé de sa croix, couronné d'épines et couvert de plaies. Lui manifestant alors comme à son épouse les angoisses et les tourments de son âme sainte quand il gravissait le Calvaire, il voulut qu'elle y participât. La chargeant de sa pesante croix, il la lia comme il l'avait été lui-même par les soldats. Elle passa ainsi trois heures entières, liée et ployant sous le poids de la croix, elle tomba deux fois à terre comme son divin Modèle. Elle était vraiment l'épouse de Jésus crucifié : la croix dont elle était chargée, les cordes qui la liaient ne se voyaient pas, mais en la regardant on sentait bien qu'elle endurait les mêmes souffrances que son adorable Modèle.

Nous voici au 9 avril, c'est le Vendredi saint. Pendant un ravissement qu'elle eut à l'heure de l'oraison, notre épouse de Jésus crucifié fut comme brisée dans tout son corps. Une tristesse mortelle envahit son âme tandis que tous ses membres en ressentirent le contre-coup. La croix fut invisiblement placée sur les épaules de notre Vénérable. Sœur Thérèse de Jésus (Claudine Quinot) déposera, sous la foi du serment, qu'elle a vu Sœur Marguerite sortir de l'infirmerie le corps tout courbé sous un poids invisible et ne marcher qu'à grand'peine, elle se rendait ainsi au réfectoire pour y remplir son office. Dans l'après-midi de ce même jour, sous une impulsion extraordinaire, elle resta pendant trois heures la tête collée au grand crucifix du chœur sans qu'il fût possible de l'en séparer, comme si elle avait été attachée avec Jésus à la croix. Elle ressentit dans son intime l'indicible angoisse d'une âme qui se sent abandonnée de Dieu dans les affres d'une douloureuse agonie. Les *Mémoires* du temps ne mentionnent pas pourtant l'impression des stigmates dont furent favorisés plusieurs saints, et comme on a pu le constater de nos jours dans la stigmatisée de Konners- reuth (Bavière), Thérèse Neumann, qui le Vendredi saint 1926 éprouva toutes.

les affres d'une véritable **agonie**, avec souffrances cruelles aux pieds, aux mains et au côté gauche, et effusion **du sang**. Depuis le 19 novembre 1926, elle porte aussi trois blessures à la tête, en forme de couronne d'épines. Nous attendons le jugement de l'Eglise sur **tous** ces faits, mais nous pouvons affirmer que, par ces impressions, Dieu a **voulu** rappeler au monde les fruits et l'effi-cacité de la Passion de Notre-Seigneur. (Conf. *D. C.*, t. 18, col. 1113.)

CHAPITRE V

Plus au ciel que sur la terre.

Nous pourrions appliquer à cette courageuse novice la parole du grand Apôtre des Nations : « *Si compatimur et conglorificemur*. Si nous avons partagé les souffrances du Christ, nous participerons aussi à sa gloire. » Nous allons suivre notre petite Sœur sur les sommets de la vie mystique, sa demeure habituelle. Aussi les *Mémoires* nous disent-ils qu'elle est déjà par anticipation « citadine » des cieux.

Il est un usage au Carmel réformé que, pour pratiquer un plus grand détachement, les religieuses changent de temps en temps de cellule, bien que chacune soit à peu près la même. Ce changement eut lieu en 1632, le 4 mai, et, pour notre petite Novice, les moindres actions avaient toujours une grande importance quand elles étaient ordonnées par l'obéissance. Il en fut de même de celle-ci, et le divin Enfant devait intervenir lui-même. Il l'avait précédée dans la cellule qui lui était assignée et l'attendait à la porte en lui disant ces paroles charmantes : « **Ma** petite épouse, je te donne ce lieu pour ta demeure, tu peux y entrer librement, je l'ai sanctifiée, et, comme autrefois j'ai pris l'arche d'alliance pour ma demeure, je te prends pour demeurer en toi. » **A** ces paroles, notre Novice fut remplie d'une joie toute céleste et transportée d'allégresse, elle se mit à chanter avec le psalmiste : « Bienheureux ceux qui habitent votre maison, Seigneur, ils vous loueront éternellement. » Sœur

Marguerite entra ainsi dans sa petite « Celle » où elle resta dans une longue contemplation et dans le ravissement produit par le bonheur de vivre seule avec le Bien-Aimé. Dans la soirée de ce même jour, elle eut un autre ravissement et fut appelée pour former avec les vierges le cortège de l'Agneau sans tache ; elle se vit alors revêtue d'un manteau de lumière et dans les rayons de laquelle elle put contempler Sainte Thérèse tout éclatante de gloire. Ravie de voir sa séraphique Mère, la petite Sœur commença par applaudir de toutes ses forces, et se mit à chanter de sa voix la plus belle l'antienne : « *Sancta Mater Teresia* ». Ses compagnes émerveillées de ce chant céleste ne pouvaient se lasser de l'entendre, ni de la contempler dans ce ravissement.

Une autre fois, disent les *Annales* du couvent, l'Agneau divin se manifestant à elle, scella de ses divins sceaux tous ses sens pour qu'ils ne fussent ouverts qu'à lui seul et la sépara plus que jamais de toutes les choses de la terre. Elle demeura toute la journée dans ce ravissement. Elle connut alors par les lumières qui lui furent données que toute la malice de l'enfer était confondue et que jamais plus les démons, qui l'avaient tant de fois et si cruellement tourmentée, ne s'approcheraient d'elle. Pour donner une plus ample confirmation à cette promesse, l'Agneau divin lui communiqua une telle force et une telle pureté angélique que la seule présence de cette enfant suffisait pour dissiper toute tentation.

La veille de l'Ascension de cette même année, Jésus apparaissant à sa petite épouse comme le souverain Maître de toute chose, lui dit avec une grande tendresse : « Je suis l'unique objet de ton amour, l'unique occupation de ton âme, je suis ta vie, ton mouvement même quant au corps. Tu ne seras plus de la terre, ton unique conversation sera désormais au ciel. » S'emparant alors de son esprit, le céleste Triomphateur la fit participer à la joie et à l'exaltation des Bienheureux à son entrée au ciel. Aussi passa-t-elle cette neuvaine préparatoire à la Pentecôte presque tout entière dans le ravissement et la solitude complète. Impossible de dire toutes les faveurs célestes qu'elle y reçut. La grâce divine descendit en elle comme un fleuve, pour la purifier de plus en plus et la disposer admirablement à la venue de l'Esprit-Saint. Une âme ainsi soumise à l'action divine devait être infailliblement comblée des dons du divin Paraclet, comme les Apôtres au Cénacle de Jérusalem. Elle le fut en effet, et reçut en particulier une connaissance merveilleuse du mystère incompréhensible de la Trinité. Cette enfant qui n'avait jamais fait d'études put émerveiller les théologiens les plus profonds par ses réponses si admirables sur la distinction et la procession des trois Personnes dans l'Unité de Nature. Ses lumières sur le mystère de la grâce ne furent pas moindres. Cette vue alluma encore dans son cœur un plus grand amour pour l'Hôte divin qui veut bien habiter en nous, trouver en nous ses divines complaisances. Non seulement, elle le comprit d'une manière très claire et très nette, mais elle eut la connaissance expérimentale des admirables effets de la grâce en nous. C'est Dieu qui commence et achève en nous l'œuvre de notre sanctification, mais notre coopération n'en est pas moins nécessaire, coopération d'autant plus libre, dit saint Augustin, que la grâce est plus efficace, car, selon le Docteur angélique, la créature est plus inclinée à suivre l'impulsion du Créateur que la sienne propre, bien entendu la créature soumise, soit naturellement, soit librement à la volonté divine.' La vie de Sœur Marguerite nous le prouve admirablement par les ascensions toujours croissantes qui l'ont élevée à cette éminente sainteté. C'est Jésus qui en avait posé les fondements sur les bases de la simplicité de son enfance communiquée à cette âme. Son action restait continuellement efficace, et plus cette action se manifestait, plus aussi apparaissait la coopération de sa petite épouse dont la volonté s'était pour ainsi dire écoulée dans la volonté divine, tout en conservant sa plénitude de liberté. Le 16 juin, nous devons suivre de nouveau notre petite Sœur jusqu'au ciel. Le divin Maître qui la conduisait lui-même dans les voies extraordinaires et si difficiles qu'elle avait à parcourir, lui découvrit l'état dans lequel il voulait la réduire par rapport au monde, et pour donner à cet enseignement une manifestation sensible et tangible, il **la** rendit aveugle à l'instant et lui fit perdre en même temps et le souvenir, et la connaissance de tout le créé, même celle des religieuses du couvent. Cette privation subite dont personne ne pouvait connaître la cause, fut **regardée** dans le couvent comme **un grand malheur**, et augmenta la compassion des Sœurs pour la pauvre aveugle. Mais celle-ci, qui en savait la raison, en ressentit au contraire une grande joie et se mit à chanter de toute son âme le verset du psalmiste : « *Dominus illuminatio mea, quem timebo, Dominus protector vitæ meæ, a quo trepidabo?* — Le Seigneur est ma lumière, de quoi aurai-

je peur, le Seigneur est mon conducteur,
que pourrai-je appréhender ? »

Après qu'elle eut passé plusieurs semaines dans cet état, Notre-Seigneur
lui apparut de nouveau et lui apprit
trois choses bien consolantes : la première qu'il était la vérité de sa voie, la
seconde, sa persévérance dans cette
voie, et la troisième, la manifestation
aux hommes, au monde, qu'elle était
conduite par son esprit. Et dans son
amour, le divin Epoux daigna ajouter
ces admirables paroles qui sont la justification de ce que nous disions plus
haut : « Je ferai connaître ma puisssanc
sur toi, et ferai voir un jour ce que tu es.
Pas une des actions que tu as faites sous
mon inspiration ne sera perdue. » (*Archives
du Couvent*, n° 30, ff. 180 et suiv.)

A la suite de cette manifestation
d'amour, Sœur Marguerite passa environ trois semaines dans un ravissement

pour ainsi dire continuel, uniquement occupée de prier pour les besoins de l'Eglise si persécutée par les ennemis de la foi. Un ordre spécial lui avait été intimé de prier pour les âmes qui sont éloignées de la vérité.

Avant de clore ce chapitre dans lequel nous avons montré, d'après les *Mémoires* du couvent, notre petite extatique « prise » par l'Amour divin, nous croyons devoir citer ici quelques passages de nos grands réformateurs du Carmel pour bien préciser que leur doctrine est d'accord avec ce que nous venons de voir. Voici d'abord les paroles de notre grand Docteur mystique saint Jean de la Croix : « L'âme arrive à être toute remplie des rayons de la divinité et toute transformée en son Créateur. Car Dieu lui communique surnaturellement *son être*, de telle sorte qu'elle semble *être Dieu même...* On

pourrait même dire que par cette trans-
formation l'âme paraît être plus Dieu
qu'elle n'est âme, quoiqu'elle garde son
être distinct de l'être divin, comme le
verre reste distinct du rayon qui l'éclaire
et l'illumine. (*Montée du Carmel*, t. II.)
Dieu possède alors l'âme d'une manière
si sublime qu'elle est toute transformée
en lui avec tant de force et parée avec
une telle abondance de dons et de vertus
qu'il lui semble toucher à la béatitude. »
(*Vive flamme d'amour*, t. I.)

Notre Mère Sainte Thérèse n'est pas
moins explicite quand elle nous décrit,
dans son *Château intérieur*, les merveil-
leux effets de cette union divine :
« L'âme se trouve alors instruite en un
seul instant de tant de choses merveil-
leuses qu'elle n'aurait pu, avec tous
ses efforts, s'en imaginer, en plusieurs
années, la millième partie. » (VI, c. 5.)

CHAPITRE VI

Profession religieuse.

Le lecteur n'aura pas oublié que Sœur Marguerite, ainsi comblée de grâces surnaturelles, parvenue déjà au sommet de la perfection, est toujours novice. Ce serait le cas de citer un vers du grand poète :

Chez les âmes bien nées
La vertu n'attend pas le nombre des années.

Nous savons aussi que tout ce qui s'est passé dans cette âme privilégiée fut l'œuvre de l'Enfant Jésus qui aimait à faire éclater dans sa petite épouse les perfections de son enfance. Notre Novice avait accompli, le 7 février 1635, la seizième année de son existence. Canoniquement elle pouvait se lier par des vœux solennels à son divin Epoux au for extérieur, car au for intérieur, par tout ce que nous venons de rapporter, depuis longtemps cette union était contractée, et contractée d'une manière définitive. N'avait-il pas mis son sceau divin sur « sa petite personne » afin que rien ne puisse plus la détourner de sa vie en Dieu ? N'avons-nous pas vu plus haut avec quelle tendresse les trois Personnes de l'adorable Trinité avaient orné cette petite épouse pour les noces éternelles ? Nous savons aussi que la communauté, témoin journalier des vertus et de la perfection de cette enfant la regardait comme un trésor pour le monastère et qu'un vote favorable pour son admission ne pouvait faire l'ombre d'un doute. Nous ignorons pourtant les motifs qui ont induit les Supérieurs à renvoyer cette consécration solennelle au 24 juin, fête de saint Jean-Baptiste. Nous savons que sa prise d'habit eut lieu le 6 juin 1631, quelques heures avant la terrible opération du trépan qu'elle devait subir. Nous savons également que le Rév. Père Gibieuf, un des trois Supérieurs des Carmélites en France, était venu en 1633 faire la visite canonique au Couvent de Beaune, et qu'il avait entièrement approuvé la conduite et l'état de notre petite Novice. Faudrait-il voir, dans l'opposition que le grand couvent des Carmélites de Paris mettait à reconnaître la conduite surnaturelle des événements, le motif à ce retard de la profession ? Nous ne le croyons pas. Nous n'avons d'ailleurs pas à le rechercher. Contentons-nous d'assister en esprit à cet acte de notre chère Novice, arrivée au comble de ses désirs. Nous avons vu plus haut avec quelle ferveur angélique Sœur Marguerite se préparait aux fêtes; quelle ne dut pas être sa ferveur durant la retraite qui précéda l'acte le plus solennel de sa vie ! Mais comme les *Mémoires*, si nombreux cependant, gardent le silence sur cette retraite, nous devons l'imiter, et nous contenter de parler de la cérémonie elle-même.

Voici d'abord l'acte de la profession écrite par Sœur Marguerite, elle-même :

Jésus, Maria, Joseph,

Je, Sœur Marguerite du Saint-Sacrement, fais ma profession et promets chasteté, pauvreté et obéissance à Dieu Notre-Seigneur, à la Bienheureuse Vierge Marie et à nos Révérends Pères Supérieurs, établis à présent par la bulle de feu Pape Clément huitiesme et à leurs successeurs et fais cette profession selon la **Règle** primitive de l'Ordre dit du Mont-Carmel, qui est sans mitigation et ce jusqu'à la mort.

(Signé) :
Sœur Marguerite du Saint Sacrement.

Suivant l'usage établi par la séraphique Réformatrice, c'est au Chapitre, en présence des seules religieuses du Monastère, que la fervente Novice prononça ses vœux entre les mains de la Mère Elisabeth de la Trinité, prieure du Monastère. Qui pourrait dire les sentiments de ferveur, de reconnaissance et d'allégresse qui remplissaient son âme en ce moment ! Selon les *Mémoires* du couvent elle fût ravie en extase et vit encore les trois Personnes qui se montraient à elle, lui dévoilant les secrets les plus intimes, la revêtant d'une robe de gloire et plaçant sur sa

tête une couronne d'immortalité. Du
Chapitre où elle venait de prononcer
ses vœux, on la conduisit au chœur
pour assister à la messe d'action de
grâces. En entrant, elle eut également
une apparition de notre Mère Sainte
Thérèse qui l'adopta de nouveau pour
sa fille et lui promit de l'assister toujours comme mère. A la suite de cette
messe, on lui donna le saint voile avec
les cérémonies usitées dans l'Ordre, sans
toutefois qu'aucune personne séculière y
assistât, pas même son père. Ce fut la
conséquence d'un ordre venu des Supérieurs de Paris de ne la laisser voir à
personne. Il semble pourtant que dans
cette circonstance, cet ordre admettait
une exception. Mais cela entrait admirablement dans les désirs de notre jeune
Professe et dans les desseins de la Providence qui voulait la cacher au monde.
A partir de ce moment, elle était plus

que jamais l'épouse du Dieu caché dans l'Eucharistie. Jésus permit aussi que, pour tenir sa petite épouse dans une plus grande humilité, les Mères du grand Couvent de Paris exprimèrent vers cette époque leur désapprobation des faits concernant Sœur Marguerite. Si la Communauté de Beaune en était très affectée, la jeune Professe était trop abîmée dans le bon Dieu pour en éprouver la moindre peine. Les jugements des hommes ne l'inquiétaient nullement et, pour preuve de ce que nous avançons, nous n'avons qu'à écouter l'entretien que le P. André Carmagnole, prêtre de l'Oratoire et confesseur des Carmélites du couvent de Beaune, nous a conservé, dans sa relation sur notre Sœur.

« Lorsque le R. P. de Bonnefoy, su-
« périeur de notre maison de Troyes, au
« Saint-Esprit, fut envoyé par notre
« très Révérend Père Général pour vi-

« siter nos maisons de Bourgogne, il
« vint à Beaune, prévenu de mille mau-
« vaises impressions que des esprits mal
« informés avaient de la Sœur Margue-
« rite, sans la connaître. Comme il en
« avait ouï parler, la première chose
« qu'il me dit en arrivant à Beaune,
« fut de me témoigner le désir qu'il
« avait de la voir. Sa vertu, sa doctrine,
« sa qualité et ses mérites m'eussent
« obligé de l'en prier, quand il ne me
« l'aurait pas demandé, tant j'étais ravi
« que plusieurs personnes de son mérite
« fussent témoins de cette merveille que
« Notre-Seigneur tenait cachée dans un
« monastère. Il la vit donc et lui parla
« une heure entière en ma présence.
« Voici une partie des choses qu'il lui
« demanda, après le salut et les civilités
« auxquelles la Sœur Marguerite ne
« manquait jamais. Il m'avoua qu'il fut
« tout d'abord tout surpris de la beauté

« céleste de son visage, où ‘on lisait sa
« sainteté, et connut, par les sentiments
« de piété que lui imprima dans le cœur
« sa présence, qu’elle était tout autre
« chose qu’il ne s’était imaginé. Il
« lui demanda pourquoi elle parlait
« toujours du Saint Enfant Jésus. —
« Il m’applique à ce mystère, répondit-
« elle. — Pourquoi appelez-vous les
« saints Innocents « vos frères » ? —
« Le Saint Enfant Jésus me les a
« donnés. — Allez-vous volontiers au
« parloir ? — Mon Père, je ne sais ce
« qu’est parloir. — Vous ne dormez pas ?
« — Nenny. — Comment donc pou-
« vez-vous subsister ? — Le Saint
« Enfant Jésus me fait part de son
« repos. — Ce repos répare-t-il vos
« forces comme si vous dormiez ? —
« Tout de même. — Vos douleurs sont-
« elles grandes ? — Je n’y ai jamais
« pensé. — Seriez-vous bien aise de

« mourir ? — Mon Père, je ne pense ni
« à la vie, ni à la mort. — Vos douleurs
« vous empêchent-elles de vous appli-
« quer à Dieu ? — Non, mon Père, au
« contraire, elles m'élèvent à lui davan-
« tage. — Comment cela ? — La joie
« de souffrir quelque chose pour le
« Saint Enfant Jésus nous unit à lui. »
   « Le Père, se tournant vers moi, me
« dit tout bas : « Il faut lui parler des
« affaires du monde pour voir ce qu'elle
« nous dira », et lui dit : « Ma Sœur,
« nous avons gagné la bataille en Cata-
« logne et défait l'armée des Espagnols. »
« A quoi elle demeura dans le silence et
« dans son élévation, faisant assez voir
« sur son visage qu'elle n'oyait — (n'en-
« tendait pas) ces paroles, ce qui étonna
« merveilleusement le Père qui, conti-
« nuant, lui dit : « Mais, ma Sœur, ce sont
« de pauvres chrétiens qu'on a tués. » A
« cela elle répliqua d'une voix remplie

« de compassion : « Hé, mon Père, c'est
« grand pitié ; je prie le Saint Enfant
« Jésus qu'ils soient morts en grâce. » Le
« Révérend Père lui dit qu'il désirait dire
« la messe de la Nativité de Jésus-Christ
« pour elle le lendemain. « Vous me ferez
« beaucoup de grâce, » lui dit-elle. Le
« Père lui demandant à quelle intention
« il la dirait : « Celle que vous jugerez à
« propos, repartit-elle. — Non, ma Sœur,
« dit le Père, vous me direz, s'il vous
« plaît, vos « sentiments ». Alors, elle lui
« répondit : « Puisqu'il vous plaît, mon
« Père, que je vous dise mes intentions,
« vous demanderez pour moi au Saint
« Enfant Jésus que tous les moments
« de ma vie adorent le moment de sa
« sainte Nativité et je le prie qu'au
« moment qu'il sera entre vos mains,
« il vous en donne le souvenir. — Et
« pour moi, ma Sœur, que demanderai-
« je ? — L'innocence et la pureté, ré-

« pondit-elle. — Qu'est-ce que pureté ?
« repart le Père. — C'est n'avoir dans
« le cœur que l'amour du Petit Jésus. »
« Enfin, le Révérend Père, ravi extraor-
« dinairement de sa conversation, finit en
« la priant de l'offrir au Saint Enfant
« Jésus. « J'y suis bien obligée, mon Père,
« pour la charité que vous m'avez
« rendue ; je vous remercie de votre
« visite et vous supplie de ne me point
« oublier en vos saints sacrifices. »

Cet entretien, en nous révélant la
simplicité et le détachement de notre
jeune Professe, nous a fait comprendre
en même temps que sa sainteté savait
se rendre aimable quand les conve-
nances le demandaient. Les chapitres
suivants confirmeront cette constata-
tion d'une manière plus explicite encore.

CHAPITRE VII

Apostolat.

—◆—

L'étroite clôture qui séparait du monde la jeune Professe du Carmel de Beaune n'empêcha pas la réputation de sa sainteté et surtout de sa puissante intercession auprès de l'Enfant Jésus de franchir l'enceinte du monastère et même de la ville, comme aussi des frontières de la Bourgogne et du Royaume. La cour l'avait en grande estime ; Anne d'Autriche l'honorait de sa confiance et de sa vénération et demandait ses prières pour les graves intérêts du royaume. Bref, le nom de la petite « sainte » de Beaune était sur toutes les lèvres : riches et pauvres, savants et ignorants, nobles et paysans, tous ont recours à ses prières et à son puissant crédit auprès de Dieu.

Malgré de continuels ravissements et une conversation presque ininterrompue avec l'Enfant Jésus et les habitants du ciel, notre extatique ne laissait pas de s'incliner vers la terre et de prendre contact avec la pauvre nature humaine dont elle connaît les misères, les souffrances et les besoins, afin de les consoler et d'y remédier par sa puissante intercession. Nous connaissons déjà la tendresse, pour les malades, de cette enfant qui accompagnait toute jeune sa mère à l'hôpital de Beaune. Dans le cloître, cet amour n'a fait que se développer sous la douce influence de Celui qui a dit : « Venez à moi vous tous qui souffrez et je vous soulagerai. » Que de douleurs, que de souffrances elle a soulagées pendant les terribles guerres qui désolaient en ce temps la France et particulièrement la Franche-Comté et la Bourgogne ! Mais ce qui l'intéressait avant tout c'étaient les misères spirituelles, les souffrances de l'âme. C'est ainsi que, par ses conseils, l'exemple de ses vertus, ses prières et ses souffrances, elle exerçait à l'ombre de son cloître, sous le regard de Jésus, un apostolat d'autant plus fécond qu'il était plus caché. Ceux qui l'ont connue et qui ont pu converser avec elle peuvent rendre témoignage que jamais personne n'est sorti de son entretien sans être éclairé et consolé, pas un qui ne se soit incliné devant ses conseils, tant ils étaient marqués de l'esprit de Dieu et de la sagesse surnaturelle. Celles qui subirent les premières l'influence surnaturelle de cet apostolat, furent ses heureuses compagnes du cloître. Ecoutons dans ce but celle qui a été l'infirmière de notre Vénérable pendant les douloureuses maladies dont nous avons déjà parlé.

« Ma Sœur Marguerite du Saint-Sacrement ne se plaignait jamais, quelle que fût la violence de ses douleurs. Malgré ses maux de gorge, qui étaient presque continuels, elle ne demandait jamais rien, pas même une goutte d'eau, quelque besoin qu'elle en eût.

« Au plus fort de l'hiver, quoique très sensible au froid, elle ne se fût point approchée du feu si on ne le lui eût ordonné. Quelquefois, on la faisait sortir du chœur pour s'aller chauffer à l'infirmerie ; elle y allait aussitôt et, lors même qu'il n'y avait pas de feu, elle se mettait devant la cheminée, comme s'il y en eût eu. L'y ayant trouvée plusieurs fois, je lui demandais ce qu'elle faisait là : « C'est notre Mère qui m'envoie chauffer », répondait-elle. Je m'empressais alors d'allumer du feu, ce dont elle ne savait comment me remercier, pendant que j'admirais la simplicité d'une telle obéissance dans une âme si éclairée et qui nous ravissait par ses lumières extraordinaires.

« Pendant ses maladies, quand nous la faisions lever, elle ne demandait jamais à se coucher, quelle que fût sa fatigue ; elle se fût tenue debout toute la nuit, si on l'y eût laissée, sans dire un mot. Quand elle était couchée, elle ne disait jamais qu'elle fût trop ou pas assez couverte, bien que la fièvre, qui ne la quittait presque pas, lui fît subir des alternatives fréquentes de sueurs extraordinaires et de frissons tels qu'on ne pouvait la réchauffer. Elle se serait laissé charger de couvertures dans les plus grandes ardeurs de la fièvre si l'on n'y eût pris garde. Lorsqu'on l'asseyait sur son lit, où, d'ordinaire, elle disait ses prières ou faisait quelque dévotion, elle y demeurait également sans mot dire, malgré la fatigue que lui causait bientôt cette position, malgré les frissons de la fièvre, malgré les courants d'air résultant des portes ou des fenêtres qu'on laissait ouvertes.

« Quand il venait à l'infirmerie quelques autres malades, notre Sœur Marguerite, bien qu'elle fût la plus souffrante, était la première à les servir et à les secourir, avec autant de promptitude et d'agilité que si elle n'eût pas été malade. Une fois que, pour une indisposition, on m'y fit demeurer quelque temps avec elle, on ne se pourrait imaginer les charités qu'elle me rendait. Il fallait l'entendre dire dans une grande joie et avec un grand amour : « Mon Dieu, ma Sœur, que je suis aise que vous soyez avec nous à l'infirmerie, au moins nous vous pourrons rendre quelque petit service » ; et dans un esprit de grande reconnaissance et élevé à Dieu : « Mes Sœurs, ajoutait-elle, me rendent tant de charités !... Oh ! que le Saint Enfant Jésus me ferait une grande grâce s'il permettait que je les pusse servir ! mais, mon Dieu, je n'en suis pas digne. » C'est dans cet esprit de charité et d'humilité qu'elle m'assistait dans tous mes besoins, bien qu'elle fût extrêmement incommodée, prévenait tout ce que je pouvais avoir à faire et me servait jusque dans les choses les plus viles et les plus abjectes, ce qui me faisait grand'peine et me remplissait de confusion ; et comme je ne les lui voulais pas permettre, elle pria avec tant d'instances qu'on la laissât faire, que notre Mère, voyant sa ferveur et son humilité, nous dit de ne l'en point empêcher puisque c'était sa dévotion.

« Dans ses maladies, nous lui disions quelquefois de marcher, pensant que cela lui ferait du bien. Tout aussitôt elle marchait jusqu'à ce qu'on lui eût dit de s'asseoir et que ses jambes ployassent, comme je l'ai vue plusieurs fois, ce qui me contraignait de lui dire : « Ma Sœur, asseyez-vous, vous n'en pouvez plus. » Au même moment, elle s'asseyait sans faire paraître ni lassitude, ni incommodité. »

Sœur Marie de Sainte-Thérèse voulant savoir de la malade le mobile de ce détachement d'elle-même et de toute chose, lui demanda, persuadée que sa réponse lui en dirait le mot révélateur, dans quelle disposition il lui fallait passer saintement les fêtes de Noël : « Une grande simplicité, répondit la malade, et un complet détachement de vous-même. »

Mais ce n'était pas seulement aux Sœurs du couvent de Saint-Etienne de Beaune que l'apostolat de notre petite Sœur s'adressait, les divers Carmels de la Bourgogne et de la Franche-Comté recevaient également les effets de sa salutaire influence. Plusieurs Sœurs, en particulier du couvent de Mâcon, purent témoigner devant la commission ecclésiastique que Sœur Marguerite connut par révélations leurs dispositions intérieures. Mère Marie de la Trinité écrivait un jour à la Prieure de Mâcon ce qui suit : « Dites à nos Sœurs d'être bien vertueuses, car quand elles font des fautes, le Petit Jésus ne veut plus regarder ma Sœur Marguerite, mais si vous pouviez voir avec quelle humilité elle le prie et le conjure jusqu'à ce qu'elle ait obtenu leur pardon, vous en seriez ravie. »

Une autre fois Sœur Marguerite écrivait elle-même à la Mère Prieure du même couvent pour la prier de dire à la Sœur Thérèse de la Passion « de ne chercher rien en dehors de Dieu et de l'obéissance, que le Saint Enfant Jésus lui donnera tout par l'obéissance, mais il faudrait qu'elle se montrât un peu plus courageuse pour vaincre son indolence et ne doive pas tant se regarder elle-même. » Nous pourrions citer une infinité de traits semblables qui nous prouveraient le zèle de cette fille du grand prophète Elie.

L'action bienfaisante de notre Vénérable s'étendit même jusqu'aux ministres de la parole divine, jusqu'aux prêtres. Avant l'aimable sainte de Lisieux elle pouvait dire aussi par ses actes sinon par ses paroles : J'aiderai les missionnaires, les prêtres, toute l'Eglise. » Nous avons déjà cueilli sur les lèvres du Père Parisot l'aveu du bien que la pétite épouse de l'Enfant Jésus avait fait à son âme. Le Père Languet n'est pas moins affirmatif, ni moins reconnaissant ; voici ses paroles : « Je lui (Sœur Marguerite) proposai une grande crainte que j'avais de devenir infirme et malade, à quoi elle me répondit avec fermeté : « Le Saint Enfant Jésus ne le permettra jamais. » A partir de ce moment cette crainte qui me tourmentait depuis longtemps disparut complètement. Une autre fois, lui faisant connaître ma faiblesse pour la pratique de la vertu et l'appréhension que j'avais de retomber dans mes anciens défauts et mes imperfections passées, elle me dit avec beaucoup de douceur : « Vous n'y retomberez plus par la miséricorde de Dieu. » Cela est arrivé ; ne me souvenant pas depuis quinze ans d'être retombé dans mes anciens défauts. »

Qui ne voudrait ajouter foi aux humbles aveux de ce religieux, et admirer en même temps le zèle et la puissante intercession de notre fervente Carmélite ?

CHAPITRE VIII
Dévotion à l'Enfant Jésus.

L'apostolat dont fut spécialement chargée Sœur Marguerite était de répandre dans le monde la dévotion à l'Enfant Jésus. C'est là particulièrement sa mission qu'elle a d'ailleurs admirablement remplie. Nous avons déjà pu admirer la dévotion personnelle de celle que Jésus daigna lui-même appeler « sa petite épouse de la crèche », mais nous voulons ici montrer cette dévotion se répandant dans le monde entier.

Dans la nuit de Noël de 1638, l'Enfant Jésus se manifesta à notre Vénérable, non plus dans sa petitesse, dans les abaissements et l'infirmité de son enfance, mais dans sa grandeur souveraine, comme Roi des rois, et Souverain des souverains. *Rex regum et Dominus dominantium.* Il lui demanda alors de se consacrer entièrement à l'œuvre de le faire régner dans les âmes. Dans son humilité et son ardent amour pour l'Epoux des âmes, elle s'écria : « Que pouvons-nous faire pour vous faire régner, pour soumettre à votre souveraineté les âmes et les cœurs ? » Jésus lui fit comprendre que son désir était qu'elle lui dédiât un sanctuaire où il fût connu et honoré comme Roi, et où il se plairait à répandre ses grâces sur les âmes qui se dévoueraient à lui rendre continuellement ainsi leurs hommages.

La petite épouse se mit aussitôt à l'œuvre pour réaliser ce vœu de l'Enfant Jésus. Et comme toujours elle commença par recommander au Petit Tout-Puissant lui-même la construction de ce sanctuaire, puisque vu son état de religieuse cloîtrée elle ne pouvait rien faire directement. Cependant, elle en parla avec une ardeur admirable à la Mère Prieure et à d'autres Sœurs pour les enflammer à leur tour à mettre toute leur confiance dans l'intercession de l'Enfant Jésus. Elle venait de donner à la Mère Prieure une preuve de sa puissante intercession. Le monastère était réduit à toute extrémité : point de blé au grenier, point d'huile à la cuisine, point d'argent à la caisse. Sur l'ordre de la Mère Prieure, Sœur Marguerite fit une neuvaine à l'Enfant Jésus. Et celle-ci à peine commencée, notre jeune Professe pouvait dire à la Mère Prieure : « Le Saint Enfant Jésus vous donnera tout ce qui est nécessaire, il est déjà en train de le préparer. » Deux jours après, on reçut une lettre de M. Etienne, conseiller, par laquelle il ordonnait à son homme d'affaires de fournir au couvent des Carmélites tous les jours le pain nécessaire et de payer tous les jours vingt sols pour les autres besoins. Devant cette intervention miraculeuse, la confiance redoubla et la petite Sœur eut la consolation d'inaugurer avant la fin de cette année la petite chapelle construite en l'honneur du Roi des Grâces.

Nous sommes ici à l'origine d'une dévotion qui va se répandre dans le monde entier. Cependant, par un dessein de la divine Providence, ce ne sera pas seulement sous l'emblème du Petit Jésus de Beaune, mais aussi sous celui de l'Enfant Jésus de Prague si universellement honoré aujourd'hui. Les deux dévotions ont la même origine : le Carmel réformé ; le même objectif : propagation

du culte du Saint Enfant Jésus, source
de grâces et de bénédictions ; la même
fin : imitation des vertus enseignées à
la crèche, simplicité et pauvreté.

A Beaune, c'est l'humble carmélite
dont nous voulons faire connaître la
vie édifiante ; à Prague, c'est un fils
de sainte Thérèse, dévoré du même
amour pour Jésus Enfant, brûlant de
propager son culte, qui deviendra à son
tour, et la même année, l'apôtre de
l'Enfance du divin Sauveur. Avant
d'aller plus loin dans notre récit, il
nous a semblé bon de rappeler briè-
vement l'origine de l'émule de notre
petite Sœur dans son amour et sa
dévotion à Jésus Enfant.

Le couvent des Carmes Déchaussés
de Prague fut fondé en 1624 par l'em-
pereur Ferdinand II, en souvenir et en
reconnaissance des services rendus à
l'armée catholique par le vénérable

Dominique de Jésus, alors Préposé général de l'Ordre. Quatre années plus tard, la princesse de Lobkowibz, très dévouée au Carmel, donna au nouveau monastère une statuette de l'Enfant Jésus, en disant : « Mes Pères, je vous donne tout ce que j'ai de plus précieux : honorez dévotement cette statue et rien ne vous manquera. » La statue fut placée dans l'oratoire intérieur du cloître et fut tenue en grande dévotion, surtout par les novices. Aussi le couvent prospéra-t-il, tant au spirituel qu'au matériel, jusqu'au moment où les protestants, s'emparant de nouveau de la ville, détruisirent le couvent, et la statue du Petit Jésus disparut. En 1637, les Carmes purent rentrer de nouveau dans leur monastère ; parmi eux se trouvait le **Père Cyrille de la Mère de Dieu**, très dévot à l'Enfant Jésus. Il n'eut rien de plus pressé que de retrouver la précieuse statue. Après de longues recherches, il la découvrit dans un tas de décombres. Il la couvrit de ses baisers et de ses larmes, et, l'ayant réparée, avec l'autorisation de ses Supérieurs, l'exposa à la vénération publique dans l'église du couvent. Et bientôt il expérimenta la parole que l'Enfant Jésus lui avait adressée : « Plus vous m'honorerez, plus je vous comblerai de faveurs [1]. » C'était la même année que Sœur Marguerite avait entendu l'Enfant Jésus lui dire : « Je désire que tu m'élèves un petit temple où je serai honoré comme Roi des nations [2]. » Nous

---

[1] Histoire de l'Ordre de Notre-Dame du Mont-Carmel, p. 170. — Compendio della Storia del Ordine Carmelitano, p. 250.

[2] L'idée de notre petite épouse de la Crèche a été entièrement réalisée par Sa Sainteté Pie XI en déclarant solennellement Jésus Roi des Nations et en instituant la fête du Christ-Roi, qui se célèbre dans l'univers entier le dimanche qui précède la fête de la Toussaint.

avons vu plus haut comment la petite Epouse se mit immédiatement à l'œuvre, et comment arrivèrent les premiers secours. Un secours plus efficace lui vint d'un prêtre de l'Oratoire, que nous connaissons déjà. Le R. P. Jean-Baptiste Languet vint un jour la trouver et, sans connaître les instances qu'elle faisait auprès de Dieu, lui communiqua son désir de faire bâtir, au monastère de Saint-Etienne, une petite chapelle en l'honneur de l'Enfant Jésus. On devine la joie de la petite Sœur à cette communication, et le bon Père ne fut pas peu surpris quand il apprit de la bouche de son interlocutrice les instantes prières qu'elle adressait au ciel dans ce but. Ensemble ils remercièrent et bénirent Dieu d'avoir fait conspirer leurs volontés vers une œuvre qui intéressait à un si haut point la gloire du Petit Roi de la Crèche.

La première pierre de la petite chapelle fut posée le 7 mai 1639. Laissons
parler encore la relation contemporaine,
bien que nous soyons un peu étonnés
que, dans cette relation, il ne soit fait
mention d'aucune autorité ecclésiastique qui intervienne dans la cérémonie
pour accomplir le rite liturgique.

« Sœur Marguerite fut commise par
la Mère Prieure, du consentement de
toute la communauté, pour poser cette
première pierre. Etant descendue dans
le lieu qu'on avait creusé pour asseoir
les fondations, elle y vit le Saint
Enfant Jésus comme à l'âge de deux ans.
Il était beau à ravir, et de sa main
divine prenant la pierre qu'elle tenait
dans la sienne, la posa conjointement
avec elle au lieu qui était préparé :
« Ma petite épouse, lui dit-il, je fonde
ce petit temple avec toi pour l'amour
de toi, je m'y rendrai toujours présent

et exaucerai les prières qui m'y seront faites. Je l'aimerai et m'y délecterai, parce que c'est le lieu où ton corps reposera après ta mort. Je remplirai de mes bénédictions tous ceux qui y honoreront mon Enfance et qui y auront recours dans leurs besoins. »

Il promit ensuite sa miséricorde à tous ceux qui auraient contribué à le faire bâtir. Ce fut une joie indicible pour Sœur Marguerite de voir que, dès le début de l'ouvrage, le Saint Enfant Jésus daignait l'agréer, et que lui-même y mettait la main et le bénissait. Elle lui en rendit de très humbles et très ferventes actions de grâces, et continua de s'intéresser vivement aux travaux de ce petit temple où son divin Epoux voulait établir le trône de sa miséricorde et de sa puissance ; où les pécheurs seraient pardonnés, les affligés consolés. Seules les religieuses Carmélites de Beaune savent combien fut grande la joie qui remplit le monastère le jour où fut posée la première pierre de la petite chapelle et de quelle ferveur elles se sentirent animées.

Avec l'autorisation de la Mère Prieure, elles firent, chacune selon sa dévotion et pour être placé dans les fondations du petit monument, un billet qui fut offert à l'Enfant Jésus Roi. Voici celui de Sœur Marguerite :

« Mon très cher Amant, je vous supplie de recevoir et d'agréer ce petit temple. Oh ! je voudrais le pouvoir cimenter de mon sang pour que vous y fussiez honoré et que Votre Majesté dans votre Sainte Enfance y fût reconnue. Faites, mon Seigneur, que votre règne soit établi dans toutes les âmes qui visiteront ce lieu, et particulièrement dans celles qui y habiteront. Je vous demande encore que vous me gardiez du péché et que je sois toute vôtre comme vous le voulez. Petit Jésus, vous savez comme est mon cœur qui se voudrait fondre en vous écrivant ceci. Permettez-moi, s'il vous plaît, d'en prendre à témoins mes frères les Saints Innocents et de vous demander encore, avec mes Sœurs, que ce petit lieu que toutes ensemble nous vous offrons soit agréé de votre Majesté et qu'il porte continuellement l'odeur de votre Enfance. Ayez pitié de moi, s'il vous plaît, par les mérites de votre sainte et adorable Nativité.

(signé) : Sœur MARGUERITE
du SAINT SACREMENT.

Le petit sanctuaire se trouvait achevé vers la fin du mois d'août et fut inauguré le 25 de ce mois, fête de saint Louis, roi de France. Il devint bien vite un lieu de pèlerinage. On y viendra de toutes les parties de la France demander les faveurs célestes. Ce concours augmentera encore quand la petite épouse reposera aux pieds de Celui qu'elle a tant aimé et fait honorer, dans le tombeau construit par le Père Lanquet. Infinies sont les grâces obtenues dans ce petit sanctuaire de la Bourgogne avant la douloureuse période révolutionnaire.

CHAPITRE IX

La Famille du Saint Enfant Jésus.

Nous ne pouvons nous empêcher de parler de cette pieuse association dont toute la gloire revient à notre petite Sœur. C'est son amour pour l'Enfant Jésus, c'est sa continuelle conversation avec Celui qui est la sagesse éternelle qui lui a fait concevoir et rédiger les admirables règlements de cette pieuse famille de l'Enfant Jésus. En cela elle a en quelque sorte tracé la voie, posé les principes de « l'Enfance spirituelle » de notre aimable petite Sainte de Lisieux.

Le but que Sœur Marguerite poursuivait dans cette institution c'était d'honorer les douze premières années de l'Enfant Jésus. C'était encore de former une cour royale au petit Roi de la Crèche. On peut dire aussi que c'est l'Enfant Jésus lui-même qui enseigna à notre Vénérable les règlements et ordonnances de la pieuse union, règlements que Sœur Marguerite dicta ensuite mot par mot à une religieuse de la communauté. Prenons donc connaissance de ces règlements établis sous sa dictée :

JÉSUS, MARIA, JOSEPH.

*Aux Domestiques et Associés
de la Famille de Jésus Enfant.*

« Cette petite dévotion a été instituée pour honorer la Sainte Enfance de Jésus de laquelle elle dépendra et par la grâce de laquelle elle subsistera ayant pour chefs et modèles

Jésus, Marie, Joseph.

« Il y en a neuf qui sont choisis pour commencer cette sainte Famille, en l'honneur des neuf mois que le Verbe Eternel a été dans le sein de· la Très Sainte Vierge, et qui seront les domestiques de l'Enfant Jésus, pour le servir et le suivre en tous les états de sa vie et de son enfance, lesquelles honoreront en une sainte union de cœur et d'esprit toutes les actions, paroles et mystères que Jésus-Christ a opérés en la terre pour accomplir l'œuvre de notre Rédemption.

« Les neuf susdites, comme domestiques de « Sa Famille », commenceront leur service le 24 mars 1636, à l'heure de minuit où elles se consacreront et se dédieront au Verbe Eternel, s'offrant à Lui en ce premier moment qu'il s'est incarné, pour lui appartenir et pour être ses domestiques à jamais [1]. »

---

[1] Sœur Marguerite a inscrit elle-même les noms des premières domestiques, les voici : Notre Révérende Mère Prieure, Mère Marie de la Trinité. — Ma chère et Révérende Mère

« Toutes les associées de la Famille et Domestiques du Saint Enfant Jésus auront pour marque de leur appartenance à l'Enfant Jésus, à la Sainte Vierge et à Saint Joseph, chacune un chapelet de quinze grains, sur douze desquels on dira douze Ave en l'honneur des douze premières années de l'Enfant Jésus sur la terre et de ses premières œuvres, paroles et actions, et trois *Pater* en l'honneur des trois chefs Jésus, Marie, Joseph [1]. »

Elisabeth de la Trinité. — Ma Mère Marie de l'Incarnation — Ma Sœur Etiennette du Saint-Esprit. — Ma Sœur Catherine de la Conception. — Ma Sœur Marie de l'Incarnation. — Ma Sœur Françoise de la Mère de Dieu. — Sœur Marguerite du Saint Sacrement. — Ma Sœur Eléonore de l'Enfant Jésus.

[1] Le Carmel de Beaune possède sous le n° 23, f° 2, le Manuscrit sur lequel Sœur Marguerite dicta, au sortir de l'oraison, ce que l'Enfant Jésus lui avait fait connaître touchant cette nouvelle dévotion. Sœur Etiennette l'a écrit en grande partie, la Mère Elisabeth y a fait quelques corrections ou additions.

Cette pieuse dévotion entretenait parmi les Sœurs une constante émulation pour une plus grande perfection, car chacune en ressentait la bienfaisante influence et les heureux effets.

Sur le désir de Sœur Marguerite, on érigea, au monastère, en l'honneur du Saint Enfant Jésus, un ermitage sous le nom de Nazareth. On y honorait tous les mystères de l'enfance de Jésus. Aussi fut-il dédié à sa vie à Nazareth avec Marie et Joseph.

Comme on était alors dans une période de guerre, et par conséquent une période de malheurs et de souffrances, cette nouvelle dévotion prit tout de suite un prodigieux essor. C'est en réalité un fait universellement connu, et l'expérience en a été faite encore au commencement de cette terrible guerre déchaînée en août 1914, que l'homme, quand il se sent en présence d'un grand malheur, cherche instinctivement du secours du côté d'une puissance supérieure. C'est la grande guerre de 1914 qui a rendu si populaire le petite Carmélite de Lisieux, parce que tous, tant ceux qui étaient au front que leurs amis restés au pays, imploraient l'aimable Sainte. Ce furent les guerres soutenues par Louis XIII et Richelieu qui propagèrent le prestige de la petite Carmélite de Beaune ainsi que la dévotion qu'elle venait d'établir dans son Carmel. Mais laissons la parole à la Mère Elisabeth de la Trinité pour nous dire le développement prodigieux de cette providentielle institution. ,

« Les premières personnes du dehors, tant prêtres, religieux et religieuses que séculières, que notre Bienheureuse Sœur Marguerite a associées à la Sainte Famille de l'Enfant Jésus ont été, premièrement, Monsieur son père, Monsieur

son frère et demoiselle sa femme et
leurs enfants, et Monsieur de Saint-
Etienne son oncle, Monsieur Parigot
son second frère, Monsieur de Cussy
son oncle, demoiselle sa femme et ses
enfants, Mademoiselle Louise Bereur,
fondatrice de Dôle, à laquelle elle donna
la qualité de domestique, à cause qu'elle
était née le jour des Saints Innocents,
et que c'était une digne servante du
Saint Enfant Jésus.

« Elle commença sa petite Famille le
vingt-cinquième de mars 1636 et, comme
en cette année on eut de grandes alarmes en tout ce pays, et qu'elle reçut de
grandes promesses du Saint Enfant
Jésus qu'il garderait la ville et assis-
terait tous ceux qui sont associés à
cette Sainte Famille, on fit une grande
quantité de petits chapelets qu'on distribua aux personnes de cette ville,
sans rien leur dire de la promesse que

l'Enfant Jésus avait faite à notre sainte Sœur ; on ne voulait les donner qu'à ceux qui avaient le désir d'honorer et de servir le Saint Enfant Jésus.

« Le nombre en fut si grand qu'en peu de jours on en distribua plus de six cents aux seules personnes de cette ville, et comme ils communiquèrent cette même dévotion et ferveur à leurs amis et à ceux de leur connaissance, l'on demanda des petits chapelets de tous côtés et des personnes de toutes conditions en désirèrent avoir. L'on en donna en si grande quantité qu'il a été impossible de le pouvoir écrire quoique l'on eût dessein de le faire, mais il les fallait donner à centaine, particulièrement aux soldats qui passaient par cette ville, et comme il en venait souvent, tout ce que l'on pouvait faire était de les enfiler et de les leur départir. Le R. P. Isidore de l'Ordre des Grands

Carmes, confesseur d'un régiment qui séjourna ici et aux environs de cette ville, même jusqu'à Mâcon, en eut plus de deux cents qu'il départit aux soldats de son régiment. Ils se confessèrent et communièrent pour les recevoir et quelques années après, il écrivit séant et manda que ce régiment avait été défait (engagé) jusqu'à deux fois, et que pas un n'était échappé, mais ceux qui avaient eu de petits chapelets, qu'il n'en était (sic) pas péri un seul, que le Saint Enfant Jésus les avait tous conservés.

« Cette dévotion s'établit jusqu'aux villes les plus éloignées et l'on en demandait une si grande quantité que les Sœurs qui les ont fabriqués assurent qu'on en a donné à plus de six mille personnes.

« On les faisait tous tenir à notre bienheureuse Sœur et on les lui donnait pour les offrir au Saint Enfant Jésus et pour les faire toucher à l'image du petit Jésus qui est dans la petite chapelle, ce qu'elle faisait avec grande et extraordinaire dévotion, et nous pouvons assurer avec vérité que c'était une des plus grandes consolations qu'elle ait eues en la terre. »

Pendant que les Associés de la Famille du Saint Enfant Jésus se multipliaient ainsi dans toute la France, Sœur Marguerite continuait sa vie d'union avec le Petit Roi de son cœur. Eprise d'amour pour le Saint Enfant Jésus, dévorée du zèle de sa gloire, elle n'avait d'autres aspirations que de l'aimer de toutes les fibres de son être, et de le faire vivre dans les âmes, d'étendre en un mot, dans le monde, le règne de son Enfance. Elle ne parlait et ne s'entretenait que des moyens de lui procurer des adorateurs. « Elle m'avait donné la charge, dit le P. Parisot, de lui en chercher et de prêcher la dévotion à son Enfance. »

— « Beaucoup de cœurs, disait-elle dans une ferveur admirable et enthousiaste, beaucoup de cœurs soumis aux pieds du Saint Enfant Jésus ! Que toutes les créatures connaissent sa souveraineté et soient soumises à sa puissance. » Elle priait continuellement à cette intention et cherchait avec soin les moyens de le faire honorer en tout et par tout le monde. Quand je lui portais les noms de ceux que j'avais pu enrôler dans sa petite milice, ce lui était une joie très grande. Elle me dit qu'on ne pouvait rien offrir à ce divin Enfant qui lui fût plus agréable ; que les cœurs et les noms de ceux qui voulaient être ses dévots et ses domestiques seront bien chers au divin Roi. Elle m'avertit cependant de ne pas recevoir à l'avenir les noms de tous indifférem-

ment « parce qu'il fallait vocation, me
dit-elle, pour être de cette sainte Famille » et me donna pour exemple les
saints pasteurs et Rois mages, les seuls
adorateurs du Saint Enfant à Bethléem, « parce qu'il n'y eut qu'eux qui y
furent appelés ».

« Après avoir su d'elle, continue le
même auteur, que le Saint Enfant Jésus
avait agréé le petit Office qu'elle me fit
faire en son honneur, je fus empêché
d'y rien changer comme on le voulait
et comme on l'a fait en ceux qui ont
été contrefaits en divers lieux. On peut
voir, dans les règles et pratiques qui
sont en ce petit Office, quels étaient
ses lumières et son zèle pour faire connaître et honorer son divin Epoux, car
tout ce qui est de bien en ces petits
ouvrages vient d'elle et lui est dû. »

Nous ne savons pas combien de
temps « la Famille du Saint Enfant

Jésus » a duré, toujours est-il que la chapelle des Carmélites de Beaune est devenue le siège d'une archiconfrérie de l'Enfant Jésus qui compte de nombreux associés, non seulement en France, mais aussi à l'étranger et qui a été enrichie de précieuses indulgences par plusieurs Souverains Pontifes. Le Pape Pie IX, par bref du 4 décembre 1855, l'érigea en archiconfrérie avec droit de s'associer d'autres confréries du même titre et de leur communiquer ses privilèges.

CHAPITRE X

Patriotisme.

La religion ne condamne pas l'amour de sa patrie, comme elle ne condamne pas l'amour de sa propre famille. La grâce ne détruit pas la nature, mais la transforme et l'ennoblit. Sœur Marguerite aimait sincèrement sa patrie et s'intéressait à tous les événements heureux ou malheureux qui pouvaient lui arriver. Son cœur si sensible pour les souffrances et pour la misère des individus pouvait-il rester indifférent devant les épreuves de la grande famille française ? En cela, elle était d'ailleurs encouragée par l'Enfant Jésus lui-même. Dans le courant du mois de janvier 1636, lui apparaissant accompagné de la Sainte Vierge, de Saint Joseph et des Saints Innocents, il lui dit : « Ma petite épouse, prie continuellement pour ta patrie, je te charge particulièrement de ses besoins, je veux que tu sois pour elle comme Esther et que tu t'exposes devant moi pour ton peuple. » Cinq jours après, lui apparaissant de nouveau, dans un ravissement qui dura quatre heures, Jésus lui recommanda instamment les besoins de la France, et lui manifestant les causes des malheurs qui allaient fondre sur sa patrie, il lui fit connaître que c'étaient les péchés et la corruption des mœurs qui avaient provoqué sa colère et que pour convertir le peuple et le ramener à son devoir, il fallait que sa justice s'exerçât. La généreuse Carmélite, dans un acte sublime de charité, s'offrit comme victime pour sa patrie, et conjura son divin Epoux d'épargner son peuple et de lancer contre elle seule les traits de son juste courroux. Jésus sembla avoir exaucé sa prière fervente et généreuse, car pendant plusieurs mois elle endura d'inexprimables souffrances : peines intérieures et douleurs physiques qui assaillirent de toutes parts la pauvre petite victime. Ces épreuves croissaient de jour en jour, à mesure que les malheurs publics augmentaient dans le royaume. Nous n'avons pas l'intention de rappeler en détail la douloureuse situation dans laquelle se trouvait la France à la fin du règne de Louis XIII, qu'il nous suffise de mentionner les faits qui touchent de plus près la Bourgogne.

Les troupes françaises sous le commandement du duc de Weimar, et les armées austro-allemandes sous celui de Gallas, leur chef, étaient en présence dans l'Alsace et le Palatinat. Le péril était grand et l'effroi général dans toute la France, surtout à Paris où le peuple remplissait les rues, agité et anxieux, attendant les nouvelles du théâtre de la guerre. L'anxiété qui régnait partout n'était d'ailleurs que trop justifiée par l'infériorité numérique des forces françaises. De leur côté, les Espagnols, maîtres des Pays-Bas, étaient bien résolus de profiter des circonstances pour porter la guerre en France. Ils entrèrent effectivement en Picardie dont ils savaient les places fortes en mauvais état. Au début de cette période d'alarmes et de poignantes angoisses, le Saint Enfant Jésus apparut à notre Vénérable et lui promit de conserver le royaume et d'en chasser l'ennemi. Le roi Saint Louis lui apparut également pendant le séjour des ennemis en Picardie, lui faisant connaître ce qui se passait dans cette région désolée, les besoins et les misères du pauvre peuple, et ne cessait de l'encourager à continuer de prier et de souffrir pour la conservation du royaume et la cessation des maux.

Cependant Dieu allait encore mettre la confiance de sa servante à l'épreuve, car l'ennemi approchait de la Bourgogne, par la Franche-Comté. Le lendemain du jour où la « petite Famille du Saint Enfant Jésus » fut établie au Carmel de Beaune, elle l'était également dans celui de Dôle où le danger était encore plus menaçant par l'approche des troupes austro-allemandes, sous le commandement du terrible Gallas. Les frontières de la Bourgogne venaient d'être franchies par ces hordes barbares qui pillaient et détruisaient tout sur leur passage. Bientôt, il ne resta guère dans ces régions désolées que des villages en cendres dont les habitants avaient fui devant l'ennemi. La consternation et la terreur régnaient partout. Beaune s'attendait d'un jour à l'autre à être assiégée et tout espoir semblait perdu.

Cependant, au milieu de ces troubles et de ces continuelles alarmes, la petite épouse de l'Enfant Jésus ne perdait rien de sa sérénité ni de sa confiance. Elle s'efforçait, au contraire, d'encourager et de consoler ses sœurs, leur assurant qu'elles n'avaient rien à craindre puisque Jésus lui avait promis de les garder. « N'ayez point peur, leur disait-elle, Nazareth vous gardera. » — « Il m'a même promis, disait-elle encore, que cette ville n'aura point de mal, et que les ennemis n'en approcheront point, qu'il saura traverser tous leurs desseins. »

Une autre fois, les voyant trop effrayées des mauvaises nouvelles, car l'ennemi était déjà devant la ville de Saint-Jean-de-Losne, dont il faisait le siège, elle leur adressa ces paroles réconfortantes : « Ne craignez rien, mes Sœurs, les Saints de la Famille de l'Enfant Jésus m'ont promis de vous garder et qu'il ne vous arrivera aucun mal. »

Pendant que Sœur Marguerite consolait ainsi ses Sœurs et recommandait nuit et jour les besoins de la France au Saint Enfant Jésus, et qu'elle passait ses journées à adorer tous les mystères de sa divine Enfance pour fléchir la justice de son Père et obtenir miséricorde pour les coupables, cet aimable Epoux se manifestait de nouveau à elle et, la remplissant d'innocence et de pureté, lui adressait ces flatteuses paroles : « Je te fais ces grâces afin que tu arrêtes ma justice, car je t'ai suscitée pour la protection de ton peuple. Prie sans cesse pour le **Roi**, pour le royaume et pour la province ; comme Moïse, ne cesse d'intercéder pour ton peuple. »

Dans les premiers jours du mois d'octobre de cette même année 1636, Dieu fit connaître à notre Vénérable, dans un ravissement, que les ennemis allaient rentrer de nouveau en Bourgogne et que la guerre allait recommencer plus violente et plus acharnée que la première fois. Cette nouvelle la toucha vivement et, se tournant aussitôt vers le **Saint Enfant Jésus**, elle le supplia de vouloir bien détourner ce fléau de sa province et d'avoir compassion des pauvres. Le même jour elle informa une religieuse du couvent que Dieu voulait de nouveau châtier son peuple, que sa colère était grande et qu'il fallait recourir à la prière et à la pénitence pour l'apaiser. Dans ce but, elle fit, avec l'assentiment de la Mère Prieure, entreprendre une campagne de prières par la communauté pour détourner les fléaux de la province. Le cœur rempli de douleur, le visage baigné de larmes, elle adressa à son divin Epoux cette amoureuse supplique : « Divin Enfant, votre bonté et votre miséricorde ne prévaudront-elles pas sur votre justice et me refuserez-vous la libération de cette province ! Oh ! pitié pour ces pauvres sans domicile. » Le Saint Enfant Jésus, ému par ce cri de détresse de sa chère petite épouse, lui répondit par ces consolantes paroles : « Que veux-tu que je fasse ? ne veux-tu pas que par ces afflictions j'humilie l'esprit et l'orgueil de mon peuple et le fasse revenir à moi ? Ne crains point, j'accomplirai mes promesses et ferai connaître le pouvoir de mon Enfance. »

L'épreuve devait donc venir, car elle était elle-même un acte de la miséricordieuse bonté afin de ramener ce peuple de ses égarements, mais en considération des prières, des supplications et des pénitences de la petite Sœur et de ses compagnes, les jours et la durée de l'épreuve seraient diminués, la ville de Beaune serait épargnée. Aussi quand, quelques jours après, on apprenait l'avance des ennemis et la menace d'un siège presque inévitable, la plupart des personnes de qualité se hatèrent de quitter la ville et de chercher ailleurs un refuge. Des amis du monastère pressèrent la Mère Prieure de sortir également avec ses filles, car l'épouvante était grande. Cependant, avant de prendre une si grave décision, la Mère Prieure voulut connaître l'avis de Sœur Marguerite. Celle-ci, sans la moindre hésitation, répondit à sa Supérieure qu'il ne fallait pas quitter le monastère, qu'il n'y avait rien à craindre, ni pour le couvent, ni pour la ville. « On verra bientôt, ajouta-t-elle, la puissance de l'Enfant Jésus, car il ne tardera pas à réaliser ses promesses. Oh! qu'il fera bien paraître sa puissance dans sa petitesse et sa force dans l'infirmité de son enfance ! »

En effet, on apprit quelques jours après qu'un terrible combat s'était livré sous les murs de Saint-Jean-de-Losnes, à une vingtaine de kilomètres au sudest de Beaune, et que l'armée de Gallas, entièrement défaite, s'était enfuie en désordre laissant aux mains des glorieux vainqueurs un immense butin. Tout le monde fut dans l'admiration, et de partout montèrent vers le ciel des actions de grâces, particulièrement du monastère des Carmélites et de la petite chapelle dédiée à l'Enfant-Jésus.

Une autre révélation plus consolante que Sœur Marguerite reçut vers cette époque et dont la réalisation devait combler toute la France de joie et d'allégresse, fut celle de la future naissance du dauphin qui devait être le grand roi Louis XIV. Ce fut le 15 décembre 1637 qu'elle eut cette révélation et qu'elle la communiqua à sa Mère Prieure. Mais la Mère Marie de la Trinité, très prudente, tint la chose secrète et se contenta d'en remercier Dieu en particulier avec Sœur Marguerite, et prier pour la mère et pour l'enfant tant désiré. On sait que la reine Anne d'Autriche mit au monde, le 5 septembre suivant, à Saint-Germain-en-Laye, l'enfant qui devait tant réjouir la France et en être un jour le plus grand roi.

Les *Mémoires* du couvent nous disent également que Sœur Marguerite, dans la nuit même du 5 septembre, eut révélation de l'heureux événement de la naissance du dauphin, et qu'elle passa tout le jour suivant en prière dans un ermitage, remerciant « Jésus, du dauphin qu'il a donné à la France et le priant pour sa conservation et celle de la Reine. Peu de temps après, on apprit par le premier courrier la joyeuse nouvelle dont on rendit grâces à Dieu par un solennel *Te Deum* ».

A la suite de cette prière publique, Sœur Marguerite se jeta toute transportée de joie et pleine de reconnaissance aux pieds de sa vénérée statue en disant : « O Saint Enfant Jésus, vos promesses sont maintenant accomplies. Faites que ce Prince que vous nous avez donné soit soumis à votre puissance, qu'il n'ait point de couronne ni de grandeur qu'il ne reconnaisse tenir de vous, et que, durant son règne, il établisse partout l'autorité de votre empire. »

Avant d'aller plus loin dans notre

récit, nous sommes obligés de répondre à un doute qui ne manque pas de s'élever dans l'esprit du lecteur sur l'intervention de notre Vénérable dans la naissance du dauphin, car cette naissance est attribuée aux prières de plusieurs saintes âmes. Il est hors de doute que, d'un bout à l'autre de la France, on demandait, durant plusieurs années, cette faveur qui devait assurer la paix intérieure à la patrie bien-aimée. Nous ne voulons pas diminuer le mérite des autres âmes dans l'obtention de cette faveur, mais on ne peut nier que la Vénérable Marguerite du Saint Sacrement eut une large part dans cette gloire patriotique. Il est un fait admis par tous les contemporains du grand Roi, c'est que sa naissance était attribuée à l'intervention de l'Enfant Jésus. Or, c'est notre Vénérable qui a le plus contribué au commencement du dix-septième siècle à propager la dévotion à l'Enfant Jésus. Voici d'ailleurs comment l'auteur si érudit de la Vie de **Sainte Marguerite-Marie Alacoque** s'exprime au sujet de cette naissance.

« Notre-Seigneur a associé la dévotion de la Sainte Enfance à la dévotion à son divin Cœur, quand il ordonna à la sainte Visitandine de Paray de faire savoir au fils aimé de son cœur (Louis XIV) que, comme sa naissance temporelle a été obtenue par *les mérites de sa Sainte Enfance*, de même il obtiendra sa naissance de grâce et de gloire éternelle par la consécration qu'il fera de sa personne et de son royaume à son Cœur adorable [1].

Dans cette question qui reste un secret de la divine Providence, le témoignage de la mère du Dauphin, de la

----

[1] Mgr Bougaud, *Vie de sainte Marguerite-Marie*, p. 345.

reine Anne d'Autriche, est décisif. Or, cette princesse qui connaissait la petite carmélite de Beaune et son crédit auprès de l'Enfant Jésus avait envoyé au couvent, en souvenir de ce grand bienfait de la naissance du dauphin, une petite statuette représentant son fils. Elle fut confiée aux soins de Sœur Marguerite qui l'appelait « l'œuvre de l'Enfant Jésus ». Elle y est **encore**, disent les *Mémoires*, et on ne la nomme pas autrement que le petit Louis XIV [1].

Un témoignage encore, c'est la constante affection que la reine-mère voua à Sœur Marguerite et à sa communauté. C'est l'intérêt avec lequel elle protégea la « Famille du Saint Enfant Jésus » qui avait pris naissance au Carmel de Beaune. C'est encore à la même reine que les Carmélites de Beaune doivent

[1] La petite statue disparut au moment de la grande Révolution.

la fondation de la bénédiction du Saint Sacrement qui se donnait dans leur chapelle le vingt-cinquième de chaque mois [1]. Aussi gardent-elles précieusement la lettre qu'à cette occasion, Anne d'Autriche leur fit écrire par la Mère Jeanne de Jésus, prieure de Pontoise et sœur du grand chancelier Séguier.

Il n'est pas difficile de comprendre la joie que cette lettre apporta au cœur de notre Vénérable qui voyait ainsi définitivement établie une dévotion qui lui était si chère.

Nous ne finirions pas si nous voulions rappeler tous les bienfaits que Sœur Marguerite a obtenus à sa chère patrie et à la maison de France. Les *Mémoires* mentionnent encore la puissante intervention de notre Vénérable auprès de l'Enfant Jésus pour obtenir au père du

---

[1] Cette bénédiction fut donnée pour la première fois le 25 mars 1638.

dauphin, à Louis XIII, une sainte mort. S'il faut en croire ces *Mémoires*, Sœur Marguerite eut connaissance du prochain décès du Roi, plusieurs mois à l'avance. Le 25 avril de l'année 1643, la Mère Prieure engagea sa sainte fille à faire vœu pour la santé de l'auguste malade du château de Saint-Germain. « C'est inutile, répondit-elle, il n'y a plus pour lui que le jour éternel. » Elle ne cessa de recommander à l'Enfant Jésus l'âme du Roi et, comme elle savait que rien n'attire tant sa divine complaisance que ses propres dons, elle lui représenta ceux qu'il avait faits à ce grand prince. « Vous savez, Seigneur, quelle a été sa dévotion pour votre sainte Mère à laquelle il a consacré son royaume, quel fut son zèle pour combattre les ennemis de votre religion, quel a été son respect pour votre auguste Sacrement. » Nul doute que cette touchante prière n'ait obtenu à Louis XIII la grâce de faire une mort vraiment chrétienne. Nous savons qu'il rendit son âme à Dieu le 18 mai 1643 après avoir reçu, dans les sentiments d'une piété sincère, tous les secours de la sainte Eglise.

CHAPITRE XI

Saintes amitiés.

·+·

Le cœur si tendre de notre Vénérable
pour toutes les souffrances de l'humanité
devait infailliblement aussi subir les
saintes influences d'une surnaturelle
amitié. Le divin Maître n'avait-il pas
subi lui-même ces saintes influences, ou
plutôt ne les avait-il pas provoquées et
acceptées ? Nous connaissons ses amis
de Béthanie, chez lesquels il aimait à se
retrouver ; et le jour même de son entrée
triomphale à Jérusalem, n'est-ce pas à
Béthanie qu'il vint se réfugier dans le
calme de cette demeure ? N'a-t-il pas
même excité le cri d'admiration de la

part des juifs au tombeau de Lazare :
Voyez donc comme ils étaient amis !

Notre Sainte a connu également les
bienfaits d'une sincère amitié uniquement basée sur l'amour de Dieu et les
affinités surnaturelles d'une ressemblance spirituelle. Car, selon le Docteur
angélique, l'amitié suppose trois qualités : ressemblance, amour réciproque,
communication dans un bien commun.
Cette amitié surnaturelle existait
d'abord entre notre petite Sainte et
ses deux Mères en religion. Sans doute,
il y avait du côté de Sœur Marguerite
un autre sentiment à l'égard de ses
deux Mères, sentiment de filiale affection et de reconnaissance, et du côté
des deux Mères un sentiment de maternel dévouement pour celle qui était
leur fille. Mais à la longue, et par l'ascendant irrésistible de la vertu et de la
sainteté de la petite épouse de l'Enfant

Jésus, un autre sentiment avait pris le dessus sans cependant détruire les autres. Sans doute les deux Mères regardaient toujours Sœur Marguerite, devenue professe, comme leur fille, mais sa sainteté, mais les lumières reçues directement du ciel, mais cette action visible de la Trinité sur cette âme leur imposaient un grand respect, et le sentiment maternel évoluait en un sentiment de sincère amitié ; leur fille était devenue leur amie, la confidente de leurs pensées intimes. On peut dire même que Sœur Marguerite était le trait d'union qui liait ensemble Mère Elisabeth de la Trinité et Mère Marie de la Trinité. Et ainsi ces trois âmes ayant une ressemblance commune ne formaient pour ainsi dire qu'une seule âme avec les mêmes aspirations et les mêmes liens. C'est ce que nous avons déjà vu par l'acte de donation mutuelle au Saint Enfant Jésus rapporté au chapitre IV. Unies par le lien d'une charité réciproque et communiant dans la même ardente dévotion à l'Enfant Jésus, ces trois âmes formaient bien une de ces amitiés que la mort même, à laquelle rien ne résiste pourtant en ce monde, ne peut détruire. Elle pourra rompre le lien matériel, et elle le rompra dans trois ans, mais le lien spirituel subsistera éternellement. C'est la Mère Marie de la Trinité qui, la première, devait aller poser les bases de cette amitié sur les fondements de la céleste Sion. Sœur Marguerite, comme trait d'union entre les deux Mères, la suivra en 1648, afin d'attendre là-haut, avec sa Maîtresse, leur ancienne Prieure qui ne viendra les rejoindre que le dernier jour de l'année 1659.

Nous allons encore voir plus admirablement que Sœur Marguerite était vraiment une amie dévouée pour les deux Mères dans les services qu'elle leur rendit. L'année 1642 touchait à sa fin et Mère Marie de la Trinité, rongée par un cancer, sentait son exil près de finir. C'est en ce moment que l'amitié de sa fille lui devint encore plus chère. Chargée par la Mère Prieure d'aller récréer et soigner son ancienne Maîtresse, Sœur Marguerite passa toutes ses récréations auprès de la malade afin de la charmer par ses entretiens tout spirituels et de préparer son âme à son dernier passage. Au respect qu'elle avait pour son ancienne Maîtresse, elle joignait la sainte liberté d'une tendre Sœur et d'une amie dévouée. Comme l'Avent approchait, leurs entretiens roulaient principalement sur le mystère de Noël, sur le voyage de la sainte Vierge et de saint Joseph à Bethléem. Pour égayer encore davantage la malade, Sœur Marguerite chantait de pieux couplets composés par la Mère elle-même. Et c'est dans ces pieux sentiments et dans ces saintes occupations qu'elles se préparaient à la joyeuse fête de Noël, que la malade devait cependant célébrer au ciel.

Nous voici au 14 décembre. Sœur Marguerite connut, par révélation, que sa Mère Maîtresse allait la quitter bientôt. « Le lendemain, veille de la mort de cette dernière, le P. Chaduc, se trouvant près de la malade qui avait reçu déjà le saint Viatique, fut témoin de la grande humilité de la vénérée mourante. Celle-ci exprima le désir de voir encore une fois la communauté. Toutes les Sœurs étant venues, elle leur dit dans de grands sentiments de foi : « Au revoir, mes Sœurs. Ne voulez-vous pas venir avec moi au bon Jésus ? qu'il fait bon d'être au bon Dieu ! »

A la vue de cette âme sainte qui ne semblait pas mourir, mais plutôt quitter les misères de l'exil pour aller jouir des divines beautés de son céleste Epoux, toutes les Sœurs fondirent en larmes. Alors la Mère Prieure, prenant la parole, dit : « Hé, ma Mère, emmenez-moi avec vous. » — « Nenni, pas vous, répliqua la malade. » Puis regardant d'un œil de mère sa petite fille, laquelle était au pied de son lit, elle lui dit amoureusement : « Venez, Marguerite, venez. » Ce qui nous obligea de faire approcher Sœur Marguerite que cette bonne mère embrassa et caressa, mais de ces caresses que le Saint-Esprit inspire aux âmes saintes, lesquelles ne tiennent rien du vieil homme, ni de l'imperfection de la terre, étant des effets tout purs de l'amour de Dieu et de l'esprit du Saint Enfant Jésus qui avait uni leurs âmes pour n'en faire qu'une.

« J'étais le plus proche de ces deux saintes personnes, ajoute le P. Chaduc, et il faut que j'avoue que j'étais transporté d'aise, et sentais en mon cœur une douceur et consolation des plus grandes qu'on puisse sentir, voyant les effusions de surnaturelle charité de ces deux personnes si éminentes en sainteté. comme je les connais de longue main... » Après s'être recommandée à nos prières, la malade nous promit qu'elle ne nous oublierait pas devant Dieu.

« Quand cette bonne Mère eut expiré, continue le P. Chaduc, Sœur Marguerite s'écria : « Elle est passée », déposa un baiser sur son front et se leva comme si rien n'était, quoique toutes les Sœurs et moi fondissions en larmes de la perte que faisait le monastère en perdant cette bonne Mère.

« Quelques jours après, ajoute le Père, je vis Sœur Marguerite, et d'abord je fis semblant de me plaindre d'elle : « Quoi, dis-je, ma Sœur, votre bonne Mère qui avait tant d'amour pour vous et qui vous a rendu tant de charité est morte ; toutes vos Sœurs en ont témoigné tant de tristesse ; parmi toutes leurs larmes et gémissements vous étiez dans votre joie ordinaire, sans verser une seule larme. » A quoi, souriant, elle me repartit : « Il est vrai, mon Père, que je suis très obligée à cette bienheureuse Mère, son cœur et le mien n'étaient qu'une même chose, mais le Saint Enfant Jésus l'a voulu. » Et comme je lui répliquais : « Vos Sœurs le savent bien, mais cela n'a pas empêché leurs larmes. » Elle me répondit : « Il faut donner de bonne grâce ce qu'on donne au Petit Jésus. Nous ne l'avons pas perdue ; cette grande âme m'est plus présente que quand elle était vivante parmi nous, et sa conduite sera plus forte. »

Elle m'a dit plusieurs fois qu'elle l'avait vue dans la gloire, qu'elle en recevait beaucoup de secours et qu'elle l'assistait dans ses dévotions.

Après le départ de son ancienne Maîtresse pour le ciel où, selon la convention faite en 1639, elle devait intercéder pour celles qui resteraient encore sur la terre, Sœur Marguerite reportait toute son affection filiale et sa respectueuse tendresse sur la Mère Elisabeth de la Trinité qui, maintenant plus que jamais, la regardait comme une amie que Dieu lui avait laissée pour la soutenir dans ses épreuves. Nous avons déjà dit plus haut un mot sur la conduite de la divine Providence envers cette âme généreuse. Dieu la faisait marcher dans le rude sentier des souffrances intérieures, dans la voie de la Nuit obscure, et par les seules lumières de la foi. Cette âme qui, en venant au Carmel, n'avait voulu pour sa part que la croix, était exaucée parfois au delà de ses désirs. Certes, dans sa partie supérieure, elle acceptait généreusement toute la volonté divine, mais la partie inférieure demandait aussi parfois que le calice amer passât sans qu'elle soit obligée de le boire. Car devant le ciel qui était devenu d'airain, devant les affreux doutes que l'ennemi des âmes jetait dans son imagination et dans ses facultés intellectuelles, elle ne savait de quel côté se tourner. Dans ces douloureuses alternatives, Mère Elisabeth de la Trinité avait cru devant Dieu devoir s'ouvrir à Sœur Marguerite de ses peines intérieures et de ses souffrances, car celle-ci était seule vraiment capable de les comprendre et de les soulager. Ce fut son œuvre ; aussi, devint-elle une conseillère non moins éclairée que sûre, une amie aussi fidèle que charitable, une directrice aussi sage qu'expérimentée dans les voies si âpres et si difficiles où Dieu la conduisait.

Voici une promesse que fit la petite Sœur à sa Mère pour la consoler dans ses peines : « Ma très chère Mère, que je vous suis obligée pour tant de charités que vous m'avez faites. J'espère que le Saint Enfant Jésus vous en récompensera, je l'en supplie de tout mon cœur. Si un jour il me fait miséricorde, je le prierai bien pour vous. S'il me fait la grâce, par son infinie bonté de me mettre un jour auprès de lui, je ne vous laisserai jamais un seul moment, je vous aiderai en tous vos besoins. Je vous dis ceci, car le Petit Jésus le veut et me le fait faire. Priez-le s'il vous plaît pour moi qui suis pour jamais,   Votre plus petite fille. »

C'est aussi à Sœur Marguerite que nous devons la prière suivante, en faveur de la Mère Elisabeth :

« Très Saint et aimable Enfant, qui comprenez tout, qui sondez les cœurs dans le plus intime, qui aimez la justice et haïssez l'iniquité, que tout ce qui est contraire à vous soit détruit aujourd'hui en nous ; que votre règne soit établi en nos âmes et particulièrement *en celle* que vous savez. Je vous supplie, ô divin Enfant, que vous la gardiez, défendiez et protégiez jusqu'à la fin ; que votre douceur et bénignité possèdent son cœur, qu'elle ait aussi votre paix sainte intérieurement et extérieurement, que jamais aucune chose ne l'en puisse faire sortir ; que le premier moment de votre sainte Nativité soit sa force, sa vie et sa consolation. Soyez-lui tout, mon Bien-Aimé, et ne la laissez jamais un seul moment.

« Par les mérites de votre sainte Nativité, ô saint Enfant Jésus, s'écrie-t-elle encore pour la même, octroyez ce que ma Mère vous demande ; que votre volonté soit la sienne. O Saint Enfant Jésus, je sais que vous aimez ma Mère d'un grand amour et que vous la voulez pour vous et pour votre enfance. Faites-le lui connaître, s'il vous plaît, en la manière que vous le voulez et lui ôtez ce que vous savez, si c'est votre sainte volonté, ou bien, donnez-lui grâce et force pour porter l'épreuve dans laquelle elle se trouve par votre permission. Et quand vous m'aurez fait la grâce de me prendre dans votre royaume, je ne la laisserai jamais que vous ne la veniez quérir pour nous réunir à celle qui nous attend là-haut. » Ce qui eut lieu le premier janvier 1660.

Nous ne pouvons nous dispenser, en parlant des devoirs de l'amitié, de nommer le baron de Renty. Sa vie si étroitement liée à celle du Carmel de Beaune, l'union sainte qu'il contracta

avec Sœur Marguerite et, par elle, avec
la communauté, les services importants
qu'il rendit à la Mère Elisabeth, comme
confident de ses souffrances et de ses
peines, et enfin, la coopération effective
qu'il prit au développement du culte
du Saint Enfant Jésus, méritent de
fixer toute notre attention.

Issu d'une antique et noble famille
de Normandie, Gaston de Renty était,
à dix-sept ans, un jeune homme bouil-
lant, prompt et altier. Il aimait l'étude
et s'y livrait avec ardeur. Aux préro-
gatives d'une illustre naissance, il joignait un esprit ferme, une âme élevée
des mœurs pures et une vie innocente.
A vingt-deux ans il épousa Elisabeth
de Balzac et en eut cinq enfants. Un
jour, le livre de l'*Imitation* lui tomba
entre les mains. Par simple curiosité, il
l'ouvrit et le lut. Cette lecture fit sur son
âme une si vive impression, qu'aussitôt

il se sentit complètement changé et ne voulut plus s'occuper que de l'étude des sciences divines. Son aimable douceur, la grandeur de sa foi et son amour pour Dieu, les aumônes abondantes qu'il versait continuellement dans le sein des pauvres, sa charité ingénieuse envers le prochain, jointe à une vie humble et mortifiée, le rendaient recommandable à tous.

Pendant ce temps le travail de la grâce avançait dans son âme. A la suite d'une mission prêchée par les Pères de l'Oratoire et à laquelle il assista, il renonça complètement au monde et se consacra entièrement au service de Dieu. Il se mit sous la direction du Rév. Père de Condren, Général de l'Oratoire, religieux d'un savoir profond, d'une grande piété et d'une haute capacité pour les choses intérieures. Il le dirigea jusqu'à sa mort, c'est-à-dire deux ans environ,

avec un très grand soin et une affection
extraordinaire ; aussi les progrès de son
pénitent dans le chemin de la perfection
furent si rapides qu'une personne n'hé-
sita pas à dire que M. de Renty serait
un jour un grand saint.

Pendant le séjour de ce dernier à
Dijon, il entendit parler de Sœur Marguerite et de l'éminente sainteté à laquelle elle était parvenue. Il voulut la
connaître et fit dans ce but le voyage
de Beaune pour se mettre en contact
avec celle dont toute la contrée publiait
les vertus et la prodigieuse intercession
auprès de l'Enfant Jésus. Il ne la vit
pas à ce premier voyage, car les Supérieurs de Paris avaient formellement
défendu tout rapport de Sœur Marguerite avec les séculiers sans une permission écrite de leur part. Mais il vit
sa Prieure et sa Maîtresse, les Mères
Elisabeth et Marie de la Trinité, et

s'entretint avec elles. Ces deux saintes âmes le laissèrent embaumé d'un parfum céleste : et, pour le reste de sa vie, il s'établit une sainte amitié entre lui et le Carmel de Beaune dont le souvenir bienfaisant va s'attacher à ses pas et ne le quittera plus. Désormais il était assez saint pour travailler avec fruit à sanctifier les autres. Aussi la Mère Elisabeth, dont les peines intérieures ne faisaient qu'augmenter, se déterminat-elle à s'en ouvrir à ce grand serviteur de Dieu. Elle en reçut des secours précieux et d'excellents conseils qui la soutinrent puissamment dans la voie douloureuse qu'elle parcourait, en attendant que Sœur Marguerite, seule capable de donner à cette direction toute son efficacité, la partageât avec M. de Renty.

De retour à Paris, il traduisit les impressions de son voyage en deux lettres adressées au Carmel de Beaune, que nous reproduisons dans la grande édition de la **Vie de Sœur Marguerite.** Qu'il nous suffise de dire que ces lettres respirent la plus sincère admiration pour les vertus de notre Vénérable, jointe aux sentiments d'une respectueuse et surnaturelle amitié pour tout le Carmel de Beaune.

Dans son premier voyage à Beaune, le **baron de Renty** avait demandé à **Sœur Marguerite** quelques conseils pour sa perfection. Voici ceux qu'elle lui fit transmettre :

1º Qu'il fallait qu'il fût dédié aux saints Rois et qu'il honorât le mystère de la sainte Epiphanie.

2º L'Enfant Jésus veut que vous ayez grand soin de la petite Famille en la paix du petit Jésus, la charité et l'ordre du Saint Enfant Jésus, vous arrêtant là ; ne recevez, ni n'admettez aucune pensée de changer d'état, ni de vocation.

3º Pour l'oraison, prenez tous les jours deux heures sur les mystères de Jésus-Christ : il vaut mieux quitter le catéchisme que l'oraison.

4º Pour la lecture, vous ne la devez pas faire en forme d'étude, mais vous en servir avec Dieu, à le servir, à le prier et non à être éclairé.

5º Pour les personnes que Dieu vous adresse, il leur donnera, par sa science divine, ce qu'il leur faut.

6º Il vous faut maintenir dans une fort grande liberté d'esprit, à l'imitation de l'Enfant Jésus qui, ayant choisi un état humble et abject, a toujours porté un état de grandeur et d'autorité, selon qu'il était dû à sa divine personne.

7º Il faut toujours garder les bornes de la condition en laquelle Dieu nous a attachés, si ce n'est que l'on ait une grande certitude de sa volonté. »

Sœur Marguerite écrit quelquefois à cet humble serviteur de Dieu, pour l'encourager et le remercier de travailler avec tant de zèle à répandre la dévotion au Saint Enfant Jésus. Elle avait en grande estime sa solide piété et ses rares vertus.

« Il est tout à l'Enfant Jésus, disait-elle, en parlant de lui. Oh ! qu'il a bien su se rendre petit à l'exemple de ce divin Enfant, s'abaisser comme lui et suivre la droiture de ses voies ! le Saint Enfant Jésus me le montre souvent et me le fait voir si pénétré de la grâce de sa sainte Enfance, qu'il m'est impossible de la traduire par les paroles. »

Nous connaissons déjà les rapports de surnaturelle amitié entre Sœur Marguerite et le Père Languet, fondateur de la chapelle de l'Enfant Jésus. Nous pourrions également mentionner l'amitié qui liait la petite Sœur à « son cher frère », le chancelier Seguier, mais nous devons nous résumer. Ce que nous venons de dire suffit pour prouver que la sainteté de Sœur Marguerite n'excluait pas les droits de l'amitié.

CHAPITRE XII

Mort précieuse devant le Seigneur.

La voix de l'Epoux céleste s'était fait entendre à l'épouse qui trouvait que son exil se prolongeait. Depuis sept années sa chère Maîtresse, Mère Marie de la Trinité, l'avait quittée en lui laissant entendre qu'elle viendrait bientôt la chercher. Ce fut dans la nuit du 25 décembre 1647 qu'elle entendit la voix du Petit Jésus lui dire : « *Veni, sponsa mea, veni de Libano, veni coronaberis.* » Elle comprit que c'était la dernière fois qu'elle célébrerait la fête de Noël sur la terre. Elle devait cependant encore célébrer la Résurrection de

Notre-Seigneur et ne prendre son essor vers les cieux que dans le mois consacré à la Reine du ciel.

Cependant, avec la nouvelle année 1648 ses douleurs augmentèrent et la maladie s'aggrava à tel point que Mère Elisabeth se crut obligée d'en informer le R. P. Gibieuf.

« Mon Révérend Père,

« Nous avons cru vous devoir envoyer ce que nous avons écrit de ma Sœur Marguerite pour vous faire voir la continuation de son état. Elle est très mal de son corps, qui souffre beaucoup et qui, selon l'apparence, semble tirer à sa fin. Elle parle fort peu depuis les dernières années et j'ai aussi peu de disposition pour le faire et point du tout de disposition pour écrire ce qui est de l'état d'une âme si sainte. Je vous supplie très humblement de l'offrir à

Notre-Seigneur et de lui demander qu'il accomplisse tous ses desseins en elle. »

Nombreuses étaient les personnes de la ville qui suivaient avec le plus vif intérêt les phases de la dernière maladie de la « Petite sainte » comme on l'appelait communément. Chaque jour que M. de Salins, médecin du couvent, revenait au Carmel, on l'arrêtait pour lui demander des nouvelles de la chère malade. Après qu'elle eut passé trois mois sans prendre d'autre nourriture que deux cuillerées de bouillon le matin et autant le soir, il était évident, comme le médecin l'affirmait, qu'elle ne vivait que par miracle. Si nous voulons connaître ses sentiments dans cette dernière maladie, les voici consignés sur un billet écrit de sa main.

« JÉSUS, MARIE, JOSEPH.

« Très sainte et très adorable Trinité, très humblement prosternée devant votre divine Majesté, je vous rends mille millions d'actions de grâces de toutes les faveurs et bienfaits que moi, votre indigne servante, ai reçus de votre paternelle bonté, comme de m'avoir créée capable de vous aimer, si, mon bon Dieu, je n'y avais mis, par mes péchés, beaucoup d'empêchements ; de m'avoir faite fille de l'Eglise ; de m'avoir gardée pendant le temps de ma jeunesse, si puissamment, de mes ennemis ; de m'avoir reçue à pardon après vous avoir tant et tant de fois offensé ; de m'avoir faite Carmélite et d'être parmi des âmes si saintes et agréables à vos yeux. »

Nous venons de faire allusion à l'amour de Sœur Marguerite pour l'Eglise. C'est cet amour que nous admirerons encore quand, sur son lit d'agonie, elle s'estimera, comme sa mère sainte Thérèse, heureuse de mourir « fille de l'Eglise ». Aussi aimait-elle à s'en entretenir avec ses Sœurs quand l'occasion s'en présentait.

« Un jour qu'elle nous parlait de l'état d'innocence où le premier homme avait été créé, dit l'une d'elles, je lui repartis « qu'il nous avait fait grand tort de nous avoir privés, par son péché, d'une vie si pure ». A cela elle me répondit dans un esprit grandement élevé à Dieu : « L'Eglise est conduite du Saint-Esprit. Elle chante, dans sa belle liturgie du Samedi Saint « *felix culpa* ». Puisqu'elle appelle cette faute heureuse, nous devons faire grande estime de la grâce qui nous est présentée par Notre-Seigneur Jésus-Christ. La plus petite est capable de nous donner et de nous mettre dans une grâce d'innocence très grande. Nous n'avons donc pas sujet de nous plaindre ; nous avons le Fils unique du Père éternel pour notre réparateur ; il ne tient qu'à nous d'en faire bon usage. »

Une autre fois, les Sœurs étant venues la voir à l'infirmerie, la Mère Prieure leur montra les bras de la pauvre malade, qui étaient en un état pitoyable. Lui ayant demandé si elle n'avait point de peine que ses Sœurs la vissent en cet état : « Non, ma Mère, répondit-elle, j'ai bien de la joie au contraire, parce que cela les portera à avoir compassion de moi et à demander miséricorde à Dieu qui me réduit en cet état pour mes grands péchés. » Toutes les fois que les Sœurs l'allaient visiter, elle les suppliait de demander pour elle à Dieu miséricorde et un cœur contrit et humilié. C'est dans ces sentiments que cette âme si pure s'avança vers sa dernière heure.

« Les cinq derniers jours de sa maladie, rapporte Sœur Françoise de Saint Joseph, je fus toujours proche d'elle et ne la quittai que fort peu, ni jour, ni nuit. Je ne pouvais assez admirer sa continuelle application et union avec Dieu. La joie qu'elle avait d'entendre parler de sa divine Majesté était si grande qu'elle paraissait même sur sa face et la rendait si belle qu'elle n'y laissait aucune impression des grandes souffrances et douleurs excessives qu'elle endurait par tout son corps. Pour sa patience, elle a été telle que jamais nous n'avons entendu sortir une plainte de sa bouche, non seulement en cette maladie, mais en tout le temps qu'elle a été avec nous. Sur les deux heures du matin du jour qu'elle est morte, je lui dis : « Ma Sœur, j'ai un sensible déplaisir de vous voir tant souffrir, sans vous pouvoir soulager. »

Elle me regarda dans une grande douceur et se sourit (sic) contre moi et me fit comprendre qu'elle me remerciait et qu'il ne lui fallait plus de soulagement. Sur les quatre ou cinq heures, notre Mère m'envoya dans notre cellule, ce que je fis avec beaucoup de peine, à cause de l'appréhension que j'avais qu'elle ne mourût pendant que je n'y serais pas. Etant donc en notre « celle », un peu après, elle fut toute remplie d'une grande odeur et de toutes sortes de senteurs. Il me vint en la pensée : « Ma Sœur Marguerite se meurt », mais comme on m'avait ordonné de me reposer, je n'osai pas sortir. L'odeur accroissait beaucoup de telle sorte qu'étant endormie, j'en fus éveillée ; et Notre-Seigneur m'a fait la grâce que je me trouve à la bienheureuse fin de cette sainte religieuse. »

Le dimanche soir, 24 mai, une Sœur

étant au chœur en oraison, recommanda beaucoup la malade à Notre-Seigneur, avec un grand désir qu'il lui plût de la laisser encore en ce monde. Alors elle entendit ces paroles : « Le jugement en est fait, il faut qu'elle aille à mon Père. » Elle comprit que jusqu'à ce moment le Saint Enfant Jésus l'avait tenue en ses mains, mais que l'heure était venue de la présenter à son Père.

Ce divin Enfant, voulant la récompenser du soin qu'elle avait toujours pris de consacrer le vingt-cinquième de chaque mois à honorer sa sainte Naissance, permit que le 25 mai fût le dernier qu'elle passa entièrement sur la terre.

Voici, d'après le témoignage de la Mère Elisabeth, comment elle passa cette dernière journée.

« Deux heures avant minuit, elle entra dans un grand recueillement et pria avec tant de ferveur comme si elle ne souffrait point. Elle demanda qu'on plaçât sur la table de l'infirmerie la statue de la sainte Vierge avec l'Enfant Jésus qu'elle honorait sous le titre de « Roi de grâces ». Elle fit alors ses dévotions comme elle avait l'habitude de faire. Cependant, comme elle était très faible, le Père Carmagnole qui l'assistait lui porta la sainte communion quelque temps après minuit, afin qu'on puisse lui donner quelques gouttes de liquide pour la soutenir. Comme elle ne pouvait plus parler, elle indiqua les prières qu'elle désirait faire réciter, et auxquelles elle s'unit avec beaucoup de ferveur. Comme elle savait que son heure dernière avait sonné, elle était heureuse d'offrir à l'Enfant Jésus ce dernier jour de sa vie pour honorer le premier que Lui avait passé sur la terre. Dans son

impuissance de remuer et de parler,
elle était encore heureuse de se trouver
en quelque sorte semblable au Verbe
divin enveloppé de langes et sans mouvement dans la crèche. Dans l'après-
midi de ce même jour, ses forces ayant
baissé, la Mère Prieure d'accord avec
le confesseur jugea bon de lui faire
apporter, bien qu'elle eût communié le
matin, le saint Viatique. La joie de la
malade était immense à cette proposition, il semblait que son cœur allait
éclater tant son bonheur était grand
de recevoir son Dieu en viatique et
de se sentir ainsi plus près de sa fin.
A partir de ce moment, les heures
qu'elle passa encore sur cette terre ne
furent que ferveur, adoration et amour,
et c'est le lendemain matin 26 mai,
qu'elle rendit, dans un dernier acte
d'amour, sa belle âme à son Créateur.
Les anges invisibles ont porté cette

âme si pure, si angélique, devant le trône de l'adorable Trinité qu'elle avait contemplé ici-bas dans une contemplation admirable, et maintenant elle la voyait face à face et l'aimait en proportion de cet acte de claire vision sans interruption.

Pendant que l'âme angélique avait ainsi pris son vol vers les demeures éternelles, la nouvelle de sa mort se répandit comme une traînée de poudre dans la ville et même dans la campagne ; de toutes parts on accourut au couvent pour en avoir la certitude. L'église du monastère était envahie par une foule affamée de voir celle que tout le monde proclamait une sainte. Il fallut se hâter de revêtir des habits religieux la sainte dépouille et de l'exposer à la grille du chœur pour satisfaire la dévotion de la foule. Trois Pères de l'Oratoire suffirent à peine pour faire toucher au corps de la petite sainte les objets que chacun apportait et qu'il rapportait à sa demeure comme une relique. La Prieure dut demander aux échevins de la ville d'envoyer des agents pour maintenir l'ordre et protéger la grille du chœur qui pouvait céder à l'empressement de la foule. Pour satisfaire la dévotion publique, le clergé de la ville et les magistrats avaient proposé de faire de solennelles funérailles dans la collégiale, mais la communauté, pour rester fidèle aux traditions, déclina l'offre. Comme l'église était cependant insuffisante pour contenir la foule qui avait envahi même le sanctuaire, on dut chanter la grand'messe dans le chœur des religieuses. Après les dernières absoutes, les religieuses portèrent le saint corps jusqu'à la petite chapelle, et ce sont les premiers magistrats de la ville qui voulurent avoir l'honneur de le descendre dans le tombeau préparé aux pieds de la statue de l'Enfant Jésus pour la petite épouse de la crèche. C'est là qu'elle reposa jusqu'aux jours néfastes de la grande Révolution. Aujourd'hui les Restes vénérables reposent dans le chœur des religieuses. Là vont l'honorer ceux qui souffrent, ceux qui pleurent, ceux qui ont besoin d'un secours, et les ex-voto dont les murs du sanctuaire et de l'église sont couverts prouvent que les vœux ont été exaucés. Sa puissance est toujours la même, invoquons-la.

O âme prédestinée de la crèche, chef-d'œuvre du Saint Enfant Jésus, fleur du Carmel et ornement de votre ville natale, ange tutélaire de l'un et de l'autre, laissez-nous respirer le parfum céleste de vos admirables vertus, daignez écouter notre ardente et confiante prière. Daignez nous obtenir du « Roi de grâces » la force et le courage de vous suivre dans la voie de vos vertus aimables, que vous avez pratiquées si héroïquement toute votre vie.

Du haut du ciel daignez abaisser vos regards pleins de tendresse sur le Carmel de Beaune, où vous avez vécu et où vous vous êtes sanctifiée. Que toujours votre protection plane sur lui pour y maintenir, dans toute sa vigueur, l'observance régulière avec l'esprit de la sainte Enfance, tel que Jésus le demande aux âmes qui lui sont consacrées. Que le silence, la retraite, la prière et l'oraison soient toujours le soutien et l'aliment de celles qui l'habitent. De plus, placée aujourd'hui près du trône de celle que vous avez honorée comme votre Mère, près de la séraphique Réformatrice du Carmel, aujourd'hui que vous connaissez mieux tous les secrets de ce cœur « vaste comme les rivages de la mer », étendez votre protection et votre intercession si puissantes sur toute la grande famille thérésienne. Qu'il n'y ait qu'un cœur et qu'une âme, qu'un culte et qu'une observance dans la même et unique famille de la Vierge d'Avila !

TABLE DES MATIÈRES

BAR-LE-DUC — IMPR. SAINT-PAUL

36, BOULEVARD DE LA BANQUE — 2016,8,28